职业院校劳动教育教程

ZHIYE YUANXIAO LAODONG JIAOYU JIAOCHENG

组　编：全国职业院校劳动教育研究院
主　编：俞立军 李慧萍
副主编：李一中 刘世敏 刘　燚 冉富匀
参　编：《职业院校劳动教育教程》
王　萌　王敏红　杨　赟　张寅雨　甄　真　陈泗铮　郝嘉瑜
《劳动实践与评价指导手册》（按音序排列）
崔　杨　付智强　侯曦煜　黄文军　刘　丹　马少华　梅松林
裴淑妍　阮美飞　魏守宽　夏志远　徐金梅　徐　萍　杨伯龙
杨燕丽　杨屹灵　阴映月　应逸琮　詹　斌　张　帆　张　琪
郑　宝　郑诗泽

北京师范大学出版集团
BEIJING NORMAL UNIVERSITY PUBLISHING GROUP
北京师范大学出版社

图书在版编目（CIP）数据

职业院校劳动教育教程／俞立军，李慧萍主编．—北京：北京师范大学出版社，2021.8（2022.7 重印）
ISBN 978-7-303-27061-3

Ⅰ．①职… Ⅱ．①俞… ②李… Ⅲ．①劳动教育－职业教育－教材 Ⅳ．①G40－015

中国版本图书馆 CIP 数据核字（2021）第 117258 号

营销中心电话 010-58805530 58808064
北师大出版社职业教育分社网 http://zjfs.bnup.com
电子信箱 zhijiao@bnupg.com

出版发行：北京师范大学出版社 www.bnupg.com
北京市西城区新街口外大街 12-3 号
邮政编码：100088
印　刷：天津旭非印刷有限公司
经　销：全国新华书店
开　本：787 mm×1092 mm 1/16
印　张：15.25
字　数：379 千字
版　次：2021 年 8 月第 1 版
印　次：2022 年 7 月第 2 次印刷
定　价：29.80 元

策划编辑：王云英　责任编辑：冯　倩　王贺萌
美术编辑：焦　丽　装帧设计：焦　丽
责任校对：康　悦　责任印制：陈　涛

前 言

劳动教育是新时代党对教育的新要求，是中国特色社会主义教育制度的重要内容。为构建德智体美劳全面培养的教育体系，2020 年 3 月，中共中央、国务院发布《中共中央　国务院关于全面加强新时代大中小学劳动教育的意见》（以下简称《意见》），对新时代大中小学劳动教育做出全面部署，意义重大，影响深远。同年 7 月，教育部依据《意见》，印发《大中小学劳动教育指导纲要（试行）》，重点围绕解决劳动教育是什么、教什么、怎么教等问题，细化了有关要求，对新时代大中小学组织开展劳动教育具有很强的指导性和针对性。

本教材由全国职业院校劳动教育研究院组编，由宁波卫生职业技术学院、重庆工业职业技术学院等院校的 30 余位专家和教育工作者联合编写。教材在内容设计上既体现了教育部提出的职业院校学生“重点结合专业特点，增强职业荣誉感和责任感，提高职业劳动技能水平，培育积极向上的劳动精神和认真负责的劳动态度”的目标，又兼顾了普通高等学校学生“掌握通用劳动科学知识、巩固良好日常生活劳动习惯、强化服务性劳动、重视生产劳动锻炼”的要求。本教材的应用，有助于职业院校准确把握社会主义建设者和接班人的劳动精神面貌、劳动价值取向和劳动技能水平的培养要求，全面提高学生的劳动素养，使学生树立正确的劳动观念，具有必备的劳动能力，培育积极的劳动精神，养成良好的劳动习惯和品质。

本教材以新形态教材要求编写，设计新颖，资源丰富，特色鲜明。在理论学习内容方面具有鲜明的思想性和时代性，在劳动实践项目方面具有突出的实践性和社会性。本教材可供职业院校使用，还可以为家庭开展劳动教育提供借鉴、参考。

在教材的编写过程中，俞立军对教材的编写体例作了全面设计和审定，组织了《劳动实践与评价指导手册》的编写，并对全书进行了内容审核；李慧萍负责主教材第二、三、四部分的大纲编写、统稿、内容审核等工作；李一中负责主教材编写体例设计和统稿、内容审核等工作；参编人员按分工完成了相应篇目的编写任务。

主教材编写任务分工如下：第一部分由刘燚、王萌编写，第二部分由冉富匀、王敏红编写，第三部分由刘世敏、杨赟编写，第四部分由李慧萍、张寅雨、甄真编写，第五部分由陈泗铮、郝嘉瑜编写。

《劳动实践与评价指导手册》由崔杨、付智强、侯曦煜、黄文军、刘丹、马少华、梅松林、裴淑妍、阮美飞、魏守宽、夏志远、徐金梅、徐萍、杨伯龙、杨燕丽、杨屹灵、阴映月、应逸琼、詹斌、张帆、张琪、郑宝、郑诗泽编写。

本教材在编写过程中借鉴了中外劳动教育理论研究专家的思想理论成果和教育工作者的实践成果，得到了重庆工业职业技术学院党委书记王官成的悉心指导，得到了北京师范大学出版社和宁波市青少年绿色学校的大力支持，宁波卫生职业技术学院祁义霞做了大量联络工作，在此一并致谢！

目 录
CONTENTS

导　言

开展新时代劳动教育正当时

2020 年 11 月 24 日上午，习近平总书记出席全国劳动模范和先进工作者表彰大会并发表重要讲话。习近平总书记在热情赞扬了全国劳动模范和先进工作者的卓越贡献的同时，深入地阐述了新时代劳动和实干的重要意义，激发起全国各族人民团结一致、奋斗实干的信心。

一、充分认识新时代培养社会主义建设者和接班人对加强劳动教育的要求

《中共中央　国务院关于全面加强新时代大中小学劳动教育的意见》明确提出，“实施劳动教育重点是在系统的文化知识学习之外，有目的、有计划地组织学生参加日常生活劳动、生产劳动和服务性劳动，让学生动手实践、出力流汗，接受锻炼、磨炼意志，培养学生正确劳动价值观和良好劳动品质。”《大中小学劳动教育指导纲要（试行）》指出，劳动教育是新时代党对教育的新要求，是中国特色社会主义教育制度的重要内容，是全面发展教育体系的重要组成部分，是大中小学必须开展的教育活动。

劳动教育是中国特色社会主义教育制度的重要内容，直接决定社会主义建设者和接班人的劳动精神面貌、劳动价值取向和劳动技能水平。长期以来，各地区坚持教育与生产劳动相结合，在实践育人方面取得了一定成效。同时也要看到，近年来一些青少年中出现了不珍惜劳动成果、不想劳动、不会劳动的现象，劳动的独特育人价值在一定程度上被忽视。对此，全社会必须高度重视，采取有效措施切实加强劳动教育。

新时代劳动教育的总体目标是准确把握社会主义建设者和接班人的劳动精神面貌、劳动价值取向和劳动技能水平的培养要求，全面提高学生劳动素养，使学生树立正确的劳动观念、具有必备的劳动能力、培育积极的劳动精神、养成良好的劳动习惯和品质。

劳动教育具有鲜明的思想性，必须将马克思主义劳动观贯彻始终，强调劳动是一切财富、价值的源泉，劳动者是国家的主人，劳动者应该受到鼓励和尊重；倡导通过诚实劳动创造美好生活、实现人生梦想，反对一切不劳而获、崇尚暴富、贪图享乐的错误思想。劳动教育具有突出的社会性，必须加强学校教育与社会生活、生产实践的直接联系，发挥劳动在个人与

社会之间的纽带作用，引导学生认识社会，增强社会责任感；同时注重让学生学会分工合作，体会社会主义社会平等、和谐的新型劳动关系。劳动教育具有显著的实践性，引导学生以动手实践为主要方式，在认识世界的基础上，获得积极的价值体验，学会建设世界，塑造自己，实现树德、增智、强体、育美的目的。

二、劳动教育要以习近平新时代中国特色社会主义思想为指导，坚持立德树人

劳动教育要以习近平新时代中国特色社会主义思想为指导，全面贯彻党的教育方针，落实全国教育大会精神，坚持立德树人，坚持培育和践行社会主义核心价值观，把劳动教育纳入人才培养全过程，贯通大中小学各学段，贯穿家庭、学校、社会各方面，与德育、智育、体育、美育相融合，紧密结合经济社会发展变化和学生的生活，积极探索具有中国特色的劳动教育模式，创新体制机制，注重教育实效，实现知行合一，促进学生形成正确的世界观、人生观、价值观。

开展劳动教育要把握育人导向。劳动教育要坚持党的领导，围绕培养担当民族复兴大任的时代新人，着力提升学生的综合素质，促进学生的全面发展、健康成长。把握劳动教育价值取向，引导学生树立正确的劳动观，崇尚劳动、尊重劳动，增强对劳动人民的感情，报效国家，奉献社会。

开展劳动教育要遵循教育规律。劳动教育要符合学生年龄特点，以体力劳动为主，注意手脑并用、安全适度，强化实践体验，让学生亲历劳动过程，提升育人实效性。

开展劳动教育要体现时代特征。劳动教育要适应科技发展和产业变革，针对劳动新形态，注重新兴技术支撑和社会服务新变化。深化产教融合，改进劳动教育方式。强化诚实合法劳动意识，培养科学精神，提高创造性劳动能力。

开展劳动教育要强化综合实施。劳动教育需要加强政府统筹，拓宽劳动教育途径，整合家庭、学校、社会各方面力量。家庭劳动教育要日常化，学校劳动教育要规范化，社会劳动教育要多样化，形成协同育人格局。

开展劳动教育要坚持因地制宜。劳动教育要根据各地区学校的实际情况，结合当地在自然、经济、文化等方面条件，充分挖掘行业企业、职业院校等可利用资源，宜工则工、宜农则农，采取多种方式开展劳动教育，避免“一刀切”。

三、开展劳动教育的主要内容和要求

把劳动教育纳入人才培养全过程，贯通大中小学各学段和家庭、学校、社会各方面，培养一代又一代热爱劳动、勤于劳动、善于劳动的高素质劳动者。劳动教育的主要内容包括日

常生活劳动、生产劳动和服务性劳动。日常生活劳动教育立足个人生活事务的处理，结合开展新时代校园卫生运动，注重生活能力和良好卫生习惯的培养，树立自立自强意识。生产劳动教育要让学生在工农业生产过程中经历物质财富的创造过程，体验从简单劳动、原始劳动向复杂劳动、创造性劳动的发展过程，学会使用工具，掌握相关技术，感受劳动创造价值，增强产品质量意识，体会平凡劳动中的伟大。服务性劳动教育让学生利用知识、技能等为他人和社会提供服务，在服务性岗位上见习实习，树立服务意识，实践服务技能；在公益劳动、志愿服务中强化社会责任感。

普通高等学校开展劳动教育，要强化马克思主义劳动观教育，注重围绕创新创业，结合学科专业开展生产劳动和服务性劳动，积累职业经验，培育创造性劳动能力和诚实守信的合法劳动意识。开展劳动教育，使学生掌握劳动科学知识，深刻理解马克思主义劳动观和社会主义劳动关系，树立正确的择业观、就业观和创业观，具有吃苦耐劳的精神；巩固良好日常生活劳动习惯，自觉做好宿舍卫生保洁，独立处理个人生活事务，积极参加勤工助学，提高劳动自立、自强能力；强化服务性劳动，自觉参与教室、食堂、校园场所的卫生保洁、绿化美化和管理服务等，结合“三支一扶”、大学生志愿服务西部计划、“青年红色筑梦之旅”“三下乡”等社会实践活动开展服务性劳动，强化公共服务意识和面对重大疫情、灾害等危机主动作为的奉献精神；重视生产劳动锻炼，积极参加实习实训、专业服务和创新创业活动，重视新知识、新技术、新工艺、新方法的运用，提高在生产实践中发现问题和创造性解决问题的能力，在动手实践的过程中创造有价值的物化劳动成果。

职业院校开展劳动教育要重点结合专业特点，增强职业荣誉感和责任感，提高职业劳动技能水平，培育积极向上的劳动精神和认真负责的劳动态度。组织学生持续开展日常生活劳动，自我管理生活，提高劳动自立、自强的意识和能力；定期开展校内、校外公益服务劳动，做好校园环境秩序维护，运用专业技能为社会、为他人提供相关公益服务，培育社会公德，厚植爱国爱民的情怀；依托实习实训，参与生产劳动和服务性劳动，增强职业认同感和劳动自豪感，培育不断探索、精益求精、追求卓越的工匠精神和爱岗敬业的劳动态度，坚信“三百六十行，行行出状元”，体认劳动不分贵贱，任何职业都光荣，都能出彩。

青年大学生要争做新时代的劳动者，大力弘扬劳模精神、劳动精神、工匠精神。习近平总书记在全国劳动模范和先进工作者表彰大会上的讲话中指出：“光荣属于劳动者，幸福属于劳动者”。劳动是一切幸福的源泉。任何事业的成功都是通过劳动得来的。人生因劳动而出彩，生活因劳动而幸福，世界因劳动而精彩。社会主义是干出来的，新时代是奋斗出来的。青年人要勤于创造、勇于奋斗，努力在全面建设社会主义现代化国家的新征程上创造新的时代辉煌、铸就新的历史伟业！

第一部分 正确的劳动观念

>> 学习目标

◆ 了解劳动的概念和劳动发展的历史，形成正确的劳动认知。

◆ 认识劳动创造人、创造价值、创造财富、创造美好生活的道理。

◆ 树立尊重劳动、尊重普通劳动者的思想观念；树立劳动最光荣、劳动最崇高、劳动最伟大、劳动最美丽的思想观念。

>> 知识图谱

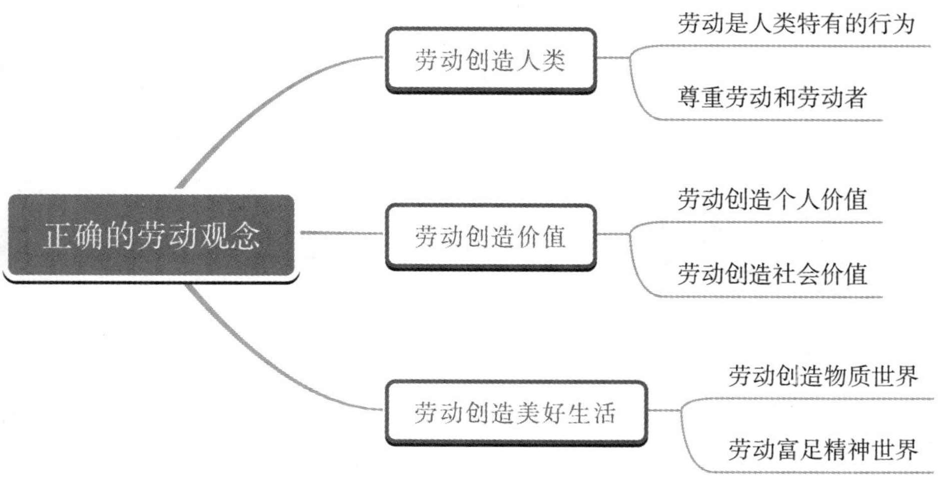

>> 思想火花

劳动有没有高低贵贱之分呢？

主题一
劳动创造人类

劳动是整个人类生活的第一个基本条件，而且达到这样的程度，以致我们在某种意义上不得不说：劳动创造了人本身。

——恩格斯，《自然辩证法·劳动在从猿到人转变过程中的作用》，《马克思恩格斯选集》第3卷，988页，人民出版社，2012年

人类是劳动创造的，社会是劳动创造的。劳动没有高低贵贱之分，任何一份职业都很光荣。

——习近平，《在知识分子、劳动模范、青年代表座谈会上的讲话》，《人民日报》，2016年4月30日

扫二维码

资源1-1：主题导入

知识图谱

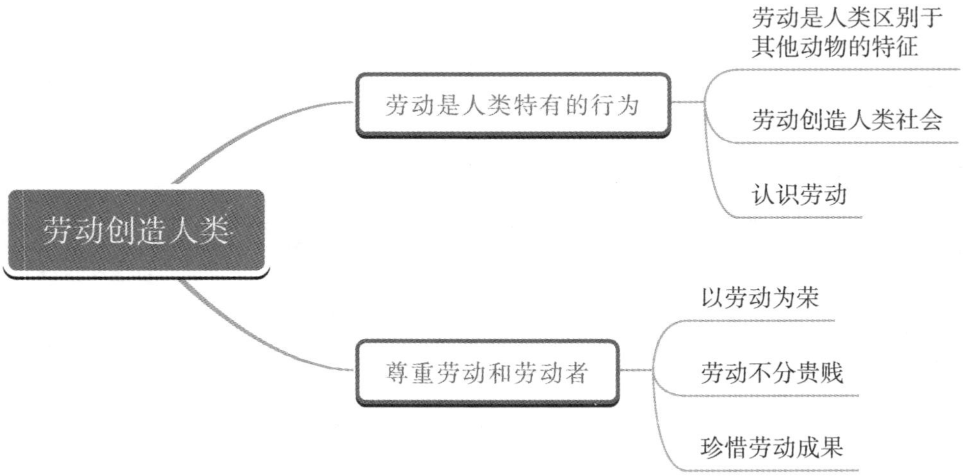

关键词 劳动、创造、尊重

案例导入

你知道人类的起源吗？人类的进化过程分为哪几个阶段？（请扫码观看视频）

观看完视频后，关于人类起源的问题，你找到答案了吗？

扫二维码

资源 1-2：人类起源

一、劳动是人类特有的行为

（一）劳动是人类区别于其他动物的特征

恩格斯说，人类社会区别于猿群的特征在我们看来又是什么呢？是劳动。劳动作为人类区别于其他动物的特征，是一种有目的、有计划的自觉活动；而动物活动是一种受本能驱使的无意识的活动。

人类劳动是人对自然界的积极改造。人类通过劳动来支配自然界，并在自然界打下自己意志的印记；而动物的本能活动则仅仅是适应和利用自然界，单纯以自己的存在使自然界发生改变。

人类劳动从制造工具开始。制造和使用劳动工具是人类劳动必然的、普遍的要素；而动物的工具一般来说只是它们的躯体，某些动物偶尔也使用自然界现成的工具，但它们永远制造不出哪怕是极粗笨的石斧来。劳动是人类区别于包括猿群在内的其他动物的特征，而制造工具则是人类不同于动物本能活动的根本标志。

（二）劳动创造人类社会

1. 人类的进化过程

人类是一个生物物种，自达尔文创立生物进化论后，多数人相信人类是生物进化的产物，现代人和现代类人猿有着共同的祖先。达尔文在《物种起源》一书中阐明了生物从低级到高级、从简单到复杂的发展规律。之后，他又列举许多证据说明人类是由已经灭绝的古猿进化而来的。

人类进化的过程，先后经历了早期猿人、晚期猿人、早期智人、晚期智人四个阶段。

2. 劳动在人类进化过程中的作用

图 1-1　恩格斯

恩格斯（见图 1-1）在《劳动在从猿到人转变过程中的作用》一文中提出劳动创造人类的科学理论，他指出人类从动物状态脱离出来的根本原因是劳动，人和动物的本质区别也是劳动。劳动在人类进化过程中起着至关重要的作用。

（1）劳动解放了人的双手

达尔文曾经向我们大致地描述了我们的祖先：在几十万年以前，我们的祖先，浑身长毛，有胡须和尖耸的耳朵，成群地生活在树上。由于它们在攀缘时手和脚的分工不同，在平地行走时也开始摆脱用手来帮忙的习惯，逐渐开始直立行走，由此迈出了从猿过渡到人的具有决定意义的一步。

经历了漫长的时间之后，手变得自由了，并能不断掌握新的技能，而由此获得的更大的灵活性便遗传了下来，并且一代一代地增加。从这个意义上讲，手不仅是劳动的器官，而且还是劳动的产物。

（2）劳动产生了语言，并使猿脑过渡到人脑

随着手的发展、随着劳动而开始的人对自然的支配，在每一个新的进展中扩大了人的眼界。他们在自然对象中不断发现新的、以前所不知道的属性。劳动的发展必然促使社会成员更紧密地互相结合起来，社会成员开始有了互相结合的进一步需要，已经到了不得不说些什么的地步了。因此，猿类的不发达的喉头，由于音调的抑扬顿挫的不断加多，肯定无疑地得到了缓慢的改造，口部的器官也逐渐学会发出一个接一个的清晰的音节。于是，语言就从劳动中并和劳动一起产生出来了。

语言和劳动一起，成了人类进化的两个最主要的推动力，在它们的影响下，猿脑逐渐过渡到人脑。随着脑的进一步发育，与脑最密切的工具，即感觉器官，也进一步发育起来。正如语言的逐渐发展必然伴随着听觉器官的相应的完善一样，脑的发育也总是伴随着所有感觉器官的完善。

（3）劳动创造了生产工具，延伸了人的身体

仅仅靠人手的活动或者靠掠夺行为存活下来，还不是真正的劳动，真正的劳动是从制造工具开始的。最古老的工具是打猎的工具和捕鱼的工具，这意味着从只吃植物到了同时开始吃肉，这是从猿转变为人又前

进了一步的重要标志。食用肉类食物，为其提供了身体新陈代谢所必需的重要物质，缩短了消化过程，赢得了更多的时间、更多的物质和更多的精力，也因此促进了人脑的发育。

工具是人体自然器官的延伸，本身也是劳动的产物。工具的进化，成为人类社会发展的一个证明，是生产力发展水平的一个标尺。人们以工具使用的类型来命名一个时代，例如，旧石器时代、新石器时代、青铜器时代、铁器时代……

（4）劳动产生了火的使用和动物的驯养

由于使用工具的出现，人类获得食物尤其是肉类食物的能力极大地提高了。而肉食引起了两个新的、有决定意义的进步，那就是火的使用和动物的驯养。前者更加缩短了人的消化过程，后者使肉食更加丰富起来，因为它在打猎之外开辟了新的更有规律的肉食来源，除此之外是奶和奶制品之类的新的食品。除打猎和畜牧外，后来又有了农业。

（三）认识劳动

劳动是人们使用一定的劳动工具作用于一定的劳动对象，创造某种使用价值或效用以满足人类自身需要的有目的的活动。因此，劳动都要有一定的成果，即创造某种使用价值或效用，既可以是物质财富，也可以是精神财富。马克思将劳动分为生产劳动和非生产劳动（见图1-2，图1-3）。生产劳动是指创造物质财富的劳动，如工业、农业、交通运输业、建筑业等中的劳动；不创造物质财富的劳动，如教师、医生、演员等的劳动，是非生产劳动。

图1-2　生产劳动

图1-3　非生产劳动

从劳动内容的角度来说，非生产劳动又分为日常生活劳动和服务性劳动（见图1-4，图1-5）。日常生活劳动也称家务劳动，是指家庭成员在家庭生活中从事的一种无报酬劳动。家务劳动主要包括：洗衣做饭、照看孩子、购买日用品、清洁卫生、照顾老人或病人等。服务性劳动是指在从事服务生产和经营活动过程中，劳动者运用特定的设备和工具，直接满足消费者对服务产品的需要的劳动。服务性劳动可以分为服务业劳动和公益劳动、志愿服务。

图1-4　日常生活劳动

图1-5　服务性劳动

图 1-6　体力劳动

图 1-7　脑力劳动

图 1-8　简单劳动

图 1-9　复杂劳动

从劳动器官的角度来说，劳动可以分为体力劳动、脑力劳动和生理力劳动。体力劳动是劳动者以运动系统为主要运动器官的劳动（见图 1-6）；脑力劳动是劳动者以大脑神经系统为主要运动器官的劳动（见图 1-7）；生理力劳动是劳动者以除运动系统及大脑神经系统以外的其他生理器官为主要运动器官的劳动。脑力劳动亦称“智力劳动”，其特征在于劳动者在生产中运用的是智力、科学文化知识和生产技能，是质量较高的复杂劳动。劳动中体力受脑力的支配，脑力以体力为基础，劳动是二者的结合。体力和智力是劳动力素质的两个不同方面，因此脑力劳动与体力劳动没有明显的分界线。

从劳动复杂度的角度来说，劳动可以分为简单劳动和复杂劳动（见图 1-8，图 1-9）。简单劳动是指在一定的社会条件下不需要经过特别的专门训练，每个普通劳动者都能从事的劳动。复杂劳动是指具有一定技术专长的劳动，而获得这些技术专长和知识，需要经过专门的培养和训练（图谱见图 1-10）。

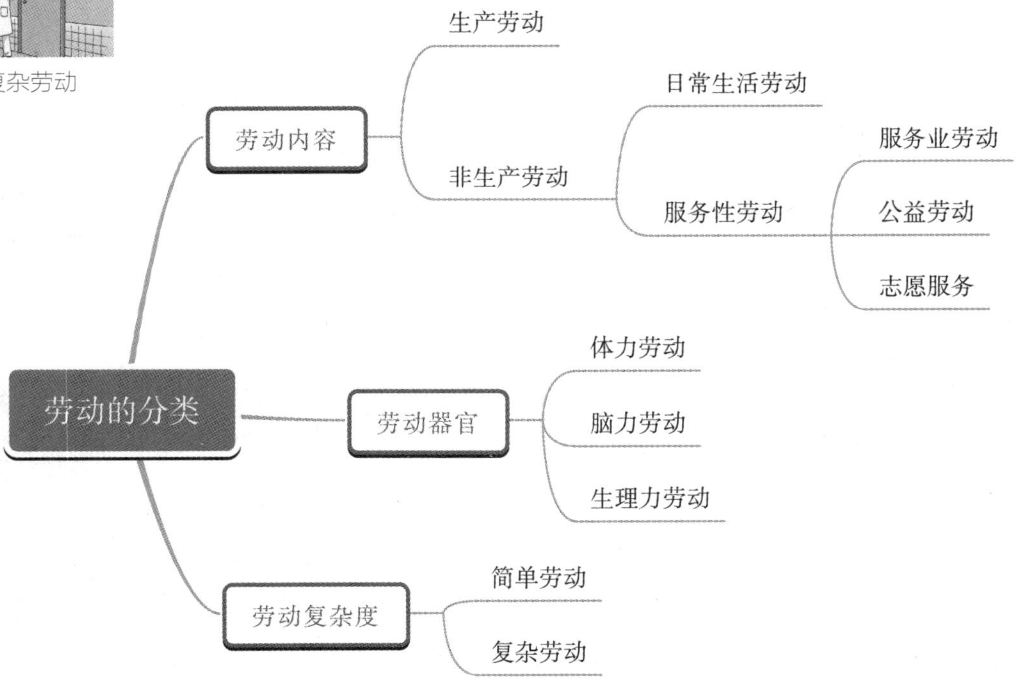

图 1-10　劳动的分类

劳动面面观

云南省丽江市华坪女子高级中学“张桂梅校长拒绝全职太太捐款”引起网友热议。

张桂梅校长，就是那个说“办这个女高，我可以把命搭上”的大山里的女校长。她创立的华坪女高是全国第一所免费公办女子高中。有1600多名女孩子从这个学校走出了贫困山村，考上大学。

之所以出现争议，是因为张校长在一个访谈节目里提到，有一名女学生带着丈夫和孩子来到学校，想要给学校捐款。但因为女学生当了全职太太，张校长不仅没接受这捐款，还气哄哄地把人赶走了。

热点讨论：

1. 对于张桂梅校长拒绝全职太太捐款的行为，你怎么看？
2. 对于张桂梅校长的观点，你怎么看？
3. 全职太太的劳动有没有价值？能不能创造价值？

扫二维码

资源1-3：张桂梅校长拒绝全职太太捐款

二、尊重劳动和劳动者

（一）以劳动为荣

劳动创造人类，创造历史。生产力就是具有劳动能力的人，跟生产资料相结合而构成的改造自然的能力。对于人类社会而言，劳动是社会存续和发展的必要条件，社会中的文化产品、精神产品、物质产品都是靠劳动产生和创造的，可以说劳动是人类社会的万物之源。在亚洲东部神州大地上，中华民族五千年的文明正是由劳动人民用双手创造而来的。

图1-11　唐三彩

唐三彩全名唐代三彩釉陶器，是盛行于唐代的一种低温釉陶器，以造型生动逼真、色泽艳丽和富有生活气息而著称，为中国古代陶瓷烧制工艺的珍品。我国具有漫长的陶瓷发展历史，在适应人们生产和生活需要的过程中陶瓷器物种类在增加，样式在变化，质量在提高，同时也蕴含了丰富的精神意向，形成独特的中国陶瓷文化。

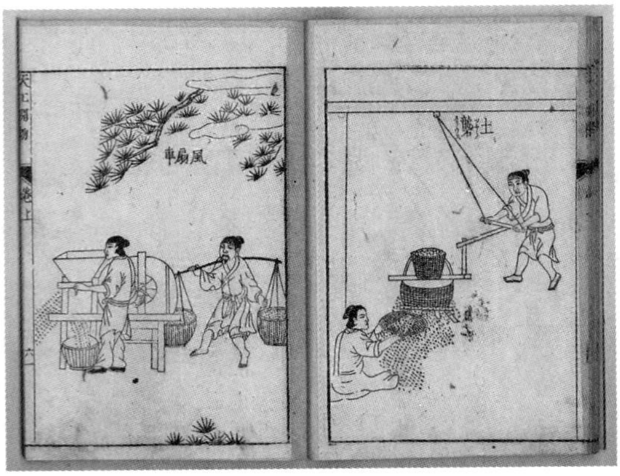

图 1-12 《天工开物》明 • 宋应星

明末刊出的《天工开物》共 3 卷 18 篇，全书收录了农业、手工业，诸如机械、砖瓦、陶瓷、硫黄、烛、纸、兵器、火药、纺织、染色、制盐、采煤、榨油等生产技术，是世界上第一部关于农业和手工业生产的综合性著作，集中呈现了我国古代的劳动工具和劳动技术。

历经多年战乱，中华人民共和国成立初期，社会经济凋敝、百废待兴，全国人民以极大的热情投入生产劳动，热火朝天干建设；改革开放以来，各行各业劳动者靠自己的双手开展创造性劳动，为我国发展积累了雄厚的物质基础。从古时大禹治水到当今的各项超级工程，勤劳智慧的中华儿女用辛勤的劳动，创造了璀璨的中华文明。没有前人栽树，何来后人乘凉？正是一代又一代人的不懈劳动让文明得以不断延续发展。

对于个人来说，劳动既是美好生活的源头，又是一个蕴含智慧、运用智慧并创造智慧的过程。劳动并非只有艰辛，劳动实践本身具有丰富的精神内涵和幸福的体验价值。通过参与不同的劳动创造，在挥洒汗水和收获成果的过程中，我们能够获得多样的劳动体验，体会真正的社会生活，从而更新自己的思想观念。以劳动为荣，积极投身劳动，你会对生活有新的发现！

（二）劳动不分贵贱

社会分工是人类历史发展的必然规律，也是文明的表现。生产力的发展必然导致社会分工；社会分工又将进一步促进生产力的发展和社会进步。从实际情况来看，在原始社会末期出现了农业和畜牧业的分离，之

图 1-13 《管子》

我国古有“士农工商”四民之说，最早见于《管子 · 小匡》：“士农工商四民者，国之石（柱石）民也。”

随着人类由原始社会向文明社会的过……管理者与被管理者之间的分工也不可避……地位差距拉大，阶级矛盾日益尖锐，劳……力劳动与体力劳动之间就出现了“劳

心者”与“劳力者、“治”与“被治”的差别（《孟子·滕文公上》：故曰，或劳心，或劳力；劳心者治人，劳力者治于人；治于人者食人，治人者食于人；天下之通义也。），“士农工商”也有了由前往后的尊卑贵贱序列意蕴。“万般皆下品，唯有读书高”“劳心者治人，劳力者治于人”这些曾经在中国文化历史中，锤炼中国读书人的句子，可能已经片面地内化为一部分人对劳动和劳动者态度的文化根源。

《秋浦歌十七首·其十四》

唐 李白

炉火照天地，红星乱紫烟。

赧郎明月夜，歌曲动寒川。

图 1-14 李白

大约天宝十二年（公元753年）李白（见图1-14）漫游到秋浦（今安徽省贵池区西，是唐代银和铜的产地之一），写下此诗。这是一首正面描写和歌颂冶炼工人的诗，描绘了一幅壮观的冶炼图，鲜明、生动地表现了火热的劳动场景，塑造了古代冶炼工人的形象，是我国古代难得的赞美劳动的诗歌艺术珍品。

中华人民共和国成立之后，在马克思主义的指导下，无产阶级对劳动形成了更科学的认识。淘粪工、售货员、拖拉机手、炼钢工人，一切劳动者都成为我们赞颂的对象，劳动模范也成为社会瞩目的光彩称号，劳动者成为青年人的榜样和这个国家的脊梁。随着生产力的进一步发展，社会分工会越来越复杂、越来越精细，但各行各业的劳动者，不管出于何种目的参加劳动，不论主观上是否意识到自身劳动的价值，都是人类物质财富和精神财富的创造者，都是我们幸福生活的缔造者。

然而，在现实生活中，侵犯、侮辱、歧视劳动者的事件仍有发生。快递员行车发生剐蹭，遭到连续掌掴；乱丢垃圾受到阻止，女子拎着扫把辱骂、殴打环卫工人；公交车上，有人呵斥身旁的农民工穿脏衣服……诸如此类的行为背后所反映的是一种劳动歧视：看不起劳动，看不起普通劳动者。新时代的青年人应该清醒地认识到，对劳动做出贵贱之分是传统阶级社会遗留下的陈旧思维和资本主义社会的腐朽观念。凡是在自己的岗位上，勤勤恳恳、兢兢业业为社会创造财富、为人民服务的劳动者都是光荣的，应该得到社会的尊重。

（三）珍惜劳动成果

图 1-15　勤俭节约宣传图

日常生活中，我们的一切吃穿用都是劳动的产物，物质生产的不易，让人尤为感受到珍惜劳动产品的必要。《左传》有言：“俭，德之共也；侈，恶之大也。”诸葛亮《诫子书》中提到：“静以修身，俭以养德。”在中国人长久以来的价值观里，俭朴不仅是一种行为方式，而且是一种大的德行，是培养良好道德的基础。在生产力落后、物质不丰富的时代，勤俭节约能够保证劳动产品最大程度上维持生存。所谓“一粥一饭，当思来处不易；半丝半缕，恒念物力维艰”（明末清初·朱柏庐《朱子治家格言》）。那么，在物质极大丰富的今天，勤俭节约还有必要吗？

进入 21 世纪，人们告别了温饱不足，消费主义开始盛行，有些人的艰苦奋斗、勤俭节约意识逐渐淡薄、虚化，对浪费不以为然。日常消费中的大量购买伴随着同样大量的抛弃，我国生活垃圾年产量超四亿吨，而餐饮中的铺张浪费更为惊人。

试想如果耗费大量时间和精力获得一项劳动成果，却被他人随意使用、抛弃，这必将给劳动者带来巨大的情感伤害。而事实上，社会中所有的劳动产品都是由劳动者付出辛劳得来的成果，倘若使用者随意浪费，这是对劳动者极大的侮辱。古人以俭为德，于个人而言，今天我们提倡节约，一方面是要倡导一种健康适度的生活方式，另一方面更是要让人们在厉行节约中涵养“恒念物力维艰”的道德品质，去除骄奢淫逸的不良之风，在举手投足间展现深植于心的素养，去拥抱更美好的生活。

“奢靡之始，危亡之渐。”今天，我们拥有的这份“家底”，是几代人筚路蓝缕、拼搏奋斗才攒下的劳动成果，绝不能在挥霍浪费中白白断送。正如习近平总书记所指出的，“即使生活一天天好了，也没有任何权利浪费！”无论是面对资源相对不足、生态环境脆弱的现实国情，还是面对宏伟的奋斗目标、复杂的内外环境，我们都需要时刻葆有艰苦奋斗的精神、勤俭节约的作风。节约每一粒粮食，节约每一点资源，聚沙成塔、集腋成裘，我们才能拥有抵御风险的深厚底气、迎战困难的强大力量。

劳动人物

李萌：爱岗敬业的“85 后”淘粪女工

每天早上六点半，北京东城区“三八女子抽粪班”班长李萌和工友们就开始上工了。李萌是全国五一劳动奖章获得者，是北京市东城区环卫中心十所环卫的一名工人。8 年前，21 岁的她放弃选择更好的工作机会，干起了环卫工。

汽车喇叭声响起，李萌迅速登上抽粪车奔赴第一个作业点。女子抽粪班每天要负责东城区南部 100 多个公厕和胡同居民厕所粪便的抽运工作。平房区道路狭窄难走，抽粪车作业要避开居民上下班高峰，这就要求李萌的工作要更快、更麻利。车停稳后，她迅速用钩子拉开井盖，霎时间，刺鼻的气味便从深井里冒出来，冲得人鼻腔生疼、直辣眼睛。

李萌说：“管子加了压也得上百斤了，把管子的沿儿贴到粪便水面上，然后你抬起来一点点，它就把这些吸进去了。”

李萌所在的北京市东城区环卫十所，是新中国第一代劳模、淘粪工人时传祥当年工作的地方。1952 年，时传祥加入北京市崇文区清洁队，为了建设新中国，他把“服务群众去淘粪”当作自己为国、为民出力的工作。那时，淘粪是纯体力活，半人多高的粪桶加上粪便背在肩上有 100 多斤重。为了多做贡献，他把自己的工作量由原来每天背 50 桶，增加到每天 80 桶，最后甚至增加到 90 桶。

李萌说：“我妈就觉得这个工作不太体面。她觉得你也有文化，你也当过兵，女孩就干点体面的工作。我说有什么不能干的啊，我的工作是最贴近老百姓的，而且老百姓每天都会需要我，我觉得我们这个工作是很有价值、很有意义的。我觉得新时代的奋斗者就要干好自己本职工作。把百姓的事当成自己的事。我觉得现在年轻人更需要这种精神。”

扫二维码

资源 1-4：“环卫天使”李萌的选择

知识链接

从攀树的猿群进化到人类社会之前，一定经过了几十万年——这在地球的历史上只不过相当于人的生命中的一秒钟。但是人类社会最后毕竟出现了。人类社会区别于猿群的特征在我们看来又是什么呢？是劳动。猿群满足于把它们由于地理位置或由于抵抗了邻近的猿群而占得的觅食地区的食物吃光。为了获得新的觅食地区，它们进行迁徙和战斗，但是除了无意中用自己的粪便肥沃土地以外，它们没有能力从觅食地区索取比自然界的赐予更多的东西。一旦所有可能的觅食地区都被占据了，猿类就不能再扩大繁殖了；这种动物的数目最多只能保持不变。但是一切动物对待食物都是非常浪费的，并且常常毁掉还处在胚胎状态中的新生的食物。狼不像猎人那样爱护第二年就要替它生小鹿的牝鹿；希腊的山羊不等幼嫩的灌木长大就把它们吃光，它们把这个国家所有的山岭都啃得光秃秃的。动物的这种“掠夺行为”在物种的渐变过程中起了重要的作用，因为这种行为强迫动物去适应不同于惯用食物的食物，因此它们的血液就获得了和过去不同的化学成分，整个身体的结构也渐渐变得不同了，而从前某个时候固定下来的物种也就灭绝了。毫无疑义，这种掠夺行为有力地促进了我们的祖先转变成人。在智力和适应能力远远高于其他一切猿种的某个猿种中，这种掠夺行为必然造成的结果就是食用植物的数目越来越扩大，食用植物中可食用的部分也越来越增多，总之，就是食物越来越多样化，随之摄入身体内的物质，即向人转变的化学条件，也越来越多样化。但是，这一切还不是真正的劳动。劳动是从制造工具开始的。我们所发现的最古老的工具是些什么东西呢？根据已发现的史前时期的人的遗物来判断，并且根据最早历史时期的人群和现在最不开化的野蛮人的生活方式来判断，最古老的工具是些什么东西呢？是打猎的工具和捕鱼的工具，而前者同时又是武器。但是打猎和捕鱼的前提是从只吃植物过渡到同时也吃肉，而这又是向人转变的重要一步。肉类食物几乎现成地含有身体的新陈代谢所必需的各种最重要的物质；它缩短了消化过程以及身体内其他植物性过程即同植物生活相应的过程的时间，因此为过真正动物的生活赢得了更多的时间、更多的物质和更多的精力。这种正在生成中的人离植物界越远，他超出动物界的程度也就越高。如果说除吃肉外还要习惯于吃植物这一情况使野猫和野狗变成了人的奴仆，那么除吃植物外也要吃肉的习惯则大大促进了正在生成中的人的体力和独立性。但是最重要的还是肉食对于脑的影响；脑因此得到了比过去丰富得多的为脑本身的营养和发展所必需的物质，因而它就能够一代一代更迅速更完善地发育起来。

（资料来源：恩格斯，《自然辩证法·劳动在从猿到人的转变中的作用》，《马克思恩格斯选集》第3卷，993~994页，人民出版社，2012）

主题二
劳动创造价值

扫二维码

资源 1-5：主题导入

人民创造历史，劳动开创未来。劳动是推动人类社会进步的根本力量。幸福不会从天而降，梦想不会自动成真。实现我们的奋斗目标，开创我们的美好未来，必须紧紧依靠人民、始终为了人民，必须依靠辛勤劳动、诚实劳动、创造性劳动。我们说“空谈误国，实干兴邦”，实干首先就要脚踏实地劳动。

——习近平，《在同全国劳动模范代表座谈时的讲话》，《人民日报》，2013 年 4 月 28 日

知识图谱

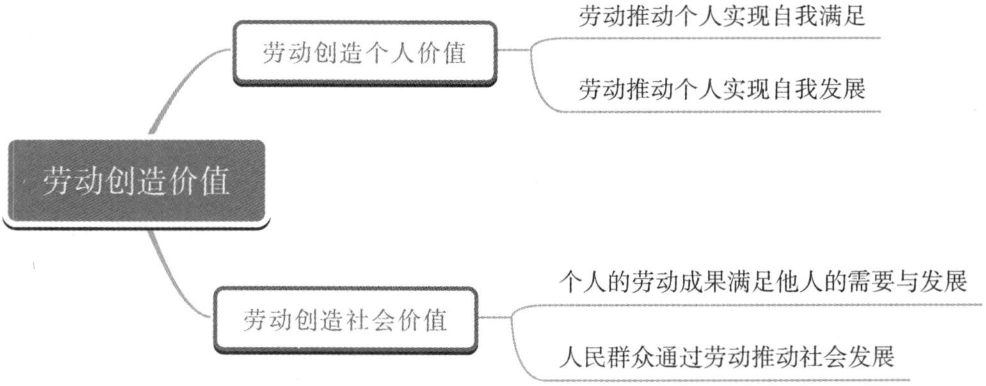

关键词　劳动、个人价值、社会价值

案例导入

“憨福儿”公益基金会是帮助患有智力障碍、自闭症、脑瘫、唐氏综合征等“憨福儿”们进行就业、融入社会的慈善组织。请观看“憨福儿”慈善组织介绍视频。

观看视频后请思考：憨福儿们通过劳动获得了什么？
劳动对于个人和社会来说有什么样的意义与价值？

扫二维码

资源 1-6：厉害了憨福儿 厉害了我的国

一、劳动创造个人价值

人生的自我价值，是个体的人生活动对自己的生存和发展所具有的价值，主要表现为对自身物质和精神需要的满足程度。每一个人的价值都必须通过劳动得以创造和实现，同时一个人的劳动态度以及劳动实践活动也关乎着个人价值的评价。

（一）劳动推动个人实现自我满足

马斯洛需求层次理论（见图 1-16）表示，人类的需求像阶梯一样从低到高分为五种，其中处于最低层的是人类得以生存的基本需求，即生存需要。劳动就其最初起源而言，是人类为了满足自己的生存需要而进行的改造自然的自主活动。人类自身的吃穿住行是人类最原始、最基本的需要，如果难以满足，则会导致人类与社会脱节，甚至出现个人生命危险。

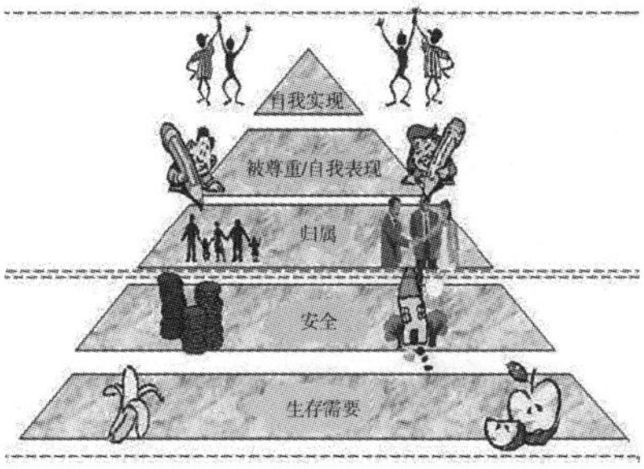

图 1-16　马斯洛需求层次理论图

自古以来，人们的生存需求都是通过劳动来满足的。从春秋战国时期到明朝中叶以前，人们大多以各自的家庭为单位过着“日出而作，日落而息”“男耕女织”的生活（见图 1-17），他们通过自己的劳动进行着耕种、养殖以及织布等活动，自己种的谷子自己吃、自己养的鸡鸭自己吃、自己织的布匹自己穿，人们以此获得生存所需

图 1-17　男耕女织的小农经济

要的基本物质资料。但并不是所有的物质资料，劳动者们都可以自己进行生产，于是越来越多的劳动产品用于交换。

早在原始社会时期，就逐渐出现了劳动产品的交换。最初，在人们之间流行着最简单的物物交换，人们将自己拥有的、暂时不需要的劳动产品与他人暂时不需要但自己恰好需要的劳动产品进行交换，以满足自己的生存需求。如用自己的一把斧头可以换取别人的两只羊，这时，斧头就变成了与两只羊价值相等的物品（见图 1-18），但此种交换方式需要交换双方都恰好需要对方的劳动产品，具有很大的偶然性，所以交换存在一定难度。

图 1-18　物物交换

随着生产力的提高，交换更加频繁地进行。这时羊的价值可以被牛、衣服等许多商品的价值来进行表示，如一只羊可以换取一头牛、两顶帽子或一件衣服，但此种交换方式仍然有可能出现难以交换成功的问题。于是人们将自己的劳动产品换成大家所能够共同接受的商品，交换更加容易达成，这便是以一般等价物为媒介的交换。而这个大家所能够共同接受的商品，便是我们所说的一般等价物，如图 1-19 所示。

图 1-19　一般等价物的交换

那么，在不同时间、不同地区，大家所能够共同接受的商品永远是一样的吗？当然不能保证完全一样。而不同地区、不同时间的等价物的不同也直接导致商品交换的不利。于是出现了货币。货币的发展从最初的黄金、白银，到纸币的出现，再到现在的电子支付手段以及虚拟货币等，都是一般等价物。人们以一般等价物为媒介，将自己的劳动产品与他人的劳动进行交换，用以获得满足人们最基本生存需要的生活必需品。

如今，人们在进行生产劳动的过程中，通过自身的劳动技能获得工作，并进一步在自己的工作岗位上，付出自己的劳动以获取金钱，即商品交换过程中的一般等价物。一方面，人们通过自己的劳动报酬购买自身生存所需的物质资料，以此满足自身生存发展的基本需要。另一方面，劳动报酬又进一步激发了劳动者更加积极地开展劳动活动、发明并改造劳动工具，不断提升劳动效率，以期获得更高的劳动报酬。

随着社会的不断进步，社会物质资料得到极大丰富，人们的需要不仅仅局限在生活必需品等物质层面的满足，同时也更加注重精神层面的满足。人们在进行日常生活劳动的过程中，在劳动结束后看到自己的劳动成果时，内心会不由自主地产生成就感，给予自我认同。如看到自己打扫干净的房间，看到自己亲手种下的小树苗长成大树，吃到自己亲手做的食物，这种成就感都是通过劳动获得的。

习近平总书记说："幸福是奋斗出来的。" 幸福总是在积极的劳动和有意义的生活中实现的。在劳动中获得幸福，得到精神上的自我满足，让每一个人真正的体验生命的价值，感受生活的意义，享受到个人主体力量得以实现的幸福感。人只有通过不断地劳动和坚持不懈地奋斗，才能源源不断地挖掘出自己的潜能，满足自身的物质需要和精神需要，在自身需要的不断满足中感受劳动的意义。

（二）劳动推动个人实现自我发展

习近平总书记在党的十九大报告中指出，要"使人人都有通过辛勤劳动实现自身发展的机会"。个人的自我发展包含着个人的发展潜力的挖掘、专业技能的提升、规划和梦想的实现，在自己喜欢的职业岗位上发光发彩，最终成为自己渴望成为的人。个人的自我发展，也必然要通过劳动才能得以实现。

当今社会人们对于美好生活的需要已经不仅仅满足于单纯的吃饱穿暖，而更多地在意吃的是否营养均衡，穿得是否流行时尚，住得是否宽敞舒适，出行是否快捷方便，孩子是否能够获得优质的教育，家人能否享受优质的医疗资源……看电影、泡温泉、健身、购买营养品等活动成为人们生活中越来越习以为常的事情，这些都体现着人们越来越重视发展资料消费与享受资料消费，而这些活动都需要人们通过劳动获取劳动报酬，才有可能进一步实现。

在当今的劳动和社会分工中，无不是以一个人的能力技能来分配的。个人必须要不断地提高自己的知识水平和技能水平，提高在劳动力市场和人才市场的竞争力，才能够获取更多的机会。首先，个人能力和技能的提升，来自自身通过实践活动所获得的直接经验。欧阳修写的《卖油翁》里的老人用他几十年如一日的练习告诉了我们只要下苦功夫，多思勤练，就一定能够取得成绩。这则寓言故事形象地说明了“熟能生巧”“实践出真知”的道理。其次，个人能力和技能的提升，也来自他人所传授给我们的间接经验。我们通过在学校里学习、参加培训机构的辅导等形式，学习他人在劳动过程中所获取的经验。通过这种方式是否能够有效地提升我们的个人能力和技能，还需要进一步地通过劳动在实践当中来进行检验。

当个人的技能和能力得到提升之后，自然而然在职业选择与职业发展过程中，个人将拥有更多的主动选择权。在实际生活中，个人技能与能力越强，所获得的劳动报酬往往也越多。在劳动报酬的激励之下，劳动者不断提升劳动技能，以获得更高的劳动报酬，与之同时而来的，还有对自身和自己职业的认同以及自己成就感的获得。这正是人们不断实现自身发展的过程。

劳动面面观

在自家超市办“图书馆”12 年，河南农家女从被嘲“神经病”到受邀参与“公共图书馆法”审议座谈。

李翠利所在的豫北内黄县李石村地处荒僻，村民读书困难。2012 年 5 月，生活并不富裕的李翠利自费购置 500 册图书，在自家超市一角创办了免费书——“微光书苑”，受到村民欢迎。2013 年 10 月，李翠利在改造后的 30 余平方米的“微光书苑”内再次开办“四点半学校”，义务组织那些家长在田间干活不能及时被接回家的孩子和一些留守学生在一起读书、写作业、做游戏。

在办书屋的这些年里，李翠利听到最多的就是：“看，那个神经病又来了。”对于这些言语，李翠利从不回应，就像她在一首诗中写的：有时候，沉默代表一种坚定，贴一脸风和日丽的无言，隐忍五味杂陈的内心，我立志，做一块有棱角的石头。

热点讨论：

1. 你如何看待李翠利开办“图书馆”的行为？
2. 如果你是李翠利，你会做出什么样的选择？为什么？
3. 李翠利的行为是在通过劳动创造价值吗？为什么？

扫二维码

资源 1-7：在田埂守望书香：农家女 12 年乡村阅读推广路

二、劳动创造社会价值

马克思认为，人的本质在其现实性上，是一切社会关系的总和。人之所以成为人，不仅仅是因为人有着区别于动物的生理结构，更重要的是人的身上有着极为复杂的社会关系。个体的人生活动不仅具有满足自我需要的价值属性，还必然包含着满足社会需要的价值属性。个体通过努力提高自我价值的过程，也是其创造社会价值的过程。

（一）个人的劳动成果满足他人的需要与发展

劳动的力量无穷无尽，通过劳动可以创造出种类丰富的劳动产品，在满足自身生存和发展的基础上，将劳动产品用于交换，可以帮助他人满足生存与发展的需要，进一步帮助他人实现成长与发展。

人们为了满足自身的物质需要和精神需要，就必然要与他人结成一定的社会关系，如家庭关系、亲戚关系、朋友关系、同事关系以及同学关系等。人类是群居动物，人的物质及精神需要能够得到满足离不开他人的辛勤劳动。在人类社会中，劳动让劳动者本人获得了生存和发展所必需的物质资料，而劳动者的劳动成果也在不断满足自己的家人、朋友和社会上其他人生存和发展的需要。

劳动是人的本质活动，是人的生命活动的基本形式。人们的工作过程，也是通过自己的劳动不断满足他人的需要与发展的过程。农民伯伯们通过自己的辛勤劳动，生产出丰富的农产品，这些农产品通过买卖满足了许多人基本的生存需求；医生在自己的岗位上兢兢业业，让更多的人拥有了健康的身体；教师将自己的知识传授给学生，让学生的未来发展少走弯路；音乐家创作出丰富的音乐作品，让我们的精神世界得到满足……劳动者们通过劳动满足自身生存发展需要的同时，也在满足其他人生存发展的需要。

（二）人民群众通过劳动推动社会发展

马克思曾说，任何一个民族，如果停止了劳动，不用说一年，就是几个星期也要灭亡。毛泽东有句名言：一切坏事都是从不劳而获开始的。的确，劳动是世界上一切欢乐和美好事情发生的源泉，劳动是可靠的财富。因为劳动，人类社会才能不断进步与发展。

人类的发展史就是人类生产方式的发展史。在人类发展的历史上，无论是哪一个时期的发展，都离不开人类的劳动（见图 1-20）。人们通过创新与改进劳动工具的方式不断提高生产力，进一步促进社会的发展。

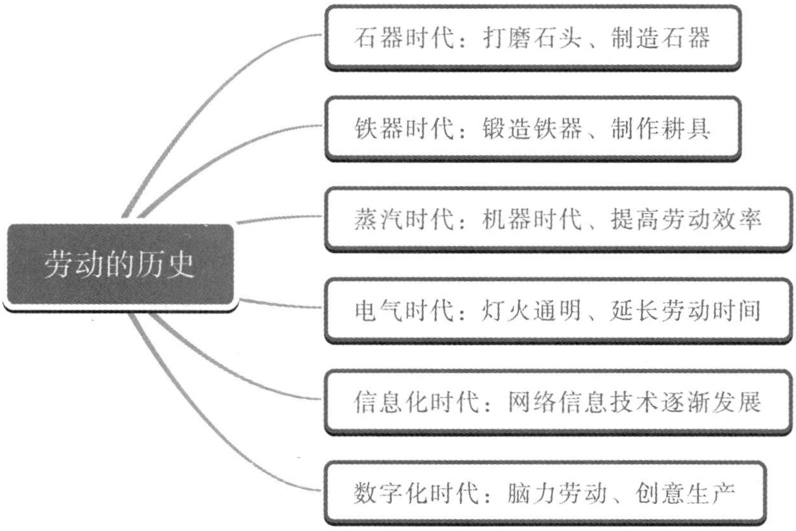

图 1-20　劳动的历史

在遥远的石器时代，人们通过打磨石头、打制石器的方式来制造劳动工具，这些非常简单的工具就是我们所知道的石器，如图 1-21 所示。大约 150 万年前，直立人学会了更为复杂的石器技巧，创造出了更为先进的手斧，他们利用这些劳动工具进行打猎，同时利用手斧砍取树木作为燃料。在欧亚大陆，人类进入了高纬度地区；而在非洲，则是向森林和干燥地区进行扩展。人类的活动范围之所以能够得以扩展，与当时人类劳动工具的不断改善分不开关系。在新石器时代，人类开始从事农业和畜牧业的活动，将植物的果实进行播种，并驯服了一些野生动物以供人类食用。人类不再仅仅依赖大自然提供食物，也通过自己的辛勤劳动获得新的食物。

图 1-21　石器时代的劳动工具

在铁器时代，人们通过锻造铁器、制作耕具，开田耕犁等方式（见图 1-22），极大地推动了我国社会生产力的发展，使得耕作效率大大提高。在蒸汽时代，棉纺织业的发展促进了纺织机的发明。

社会生产力不断发展的需要推动了蒸汽机的出现。机器代替了人力、大规模的工厂生产代替了个体的工场手工生产。机器代替了手工工具，从根本上改变了生产的面貌，劳动工具的不断发展也提高了劳动效率，人类历史进入了一个全新的时期。第二次工业革命时期，电灯、电话、电影放映机等发明逐步出现，人类社会进入了电气时代，电的出现延长了人们的劳动时间，使人们的劳动不仅仅局限在过去“日出而作、日落而息”的劳动时间，同时也便利了人们的日常生活。

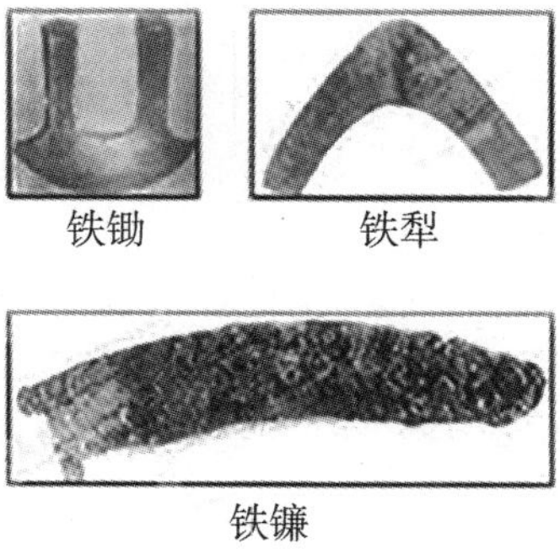

图 1-22　铁器时代的劳动工具

信息化时代，社会发展的主要动力逐渐演变为知识创新。在这一时期，大机器、大工业和大量人员所从事的大规模流水线生产已不再是社会发展的主流，第三产业即服务性产业明显增加，信息类无形产业将成为关键资源。在这一时期，电脑在人们的劳动活动中起着越来越重要的作用，越来越多的工作需要电脑辅助完成。数字化时代，创意是最为稀缺的资源，这个时代更加注重信息生产，知识生产，创意生产。

从社会发展的历程不难看出，每一次社会的发展进步，离不开劳动工具的创新与发展，离不开无数劳动者的辛勤劳动。正是无数劳动者认真的劳动态度，劳动工具的不断创新，推动了社会的前进和发展，推动着历史的进步。

细数我们国家历史的发展，闻名世界的四大发明、举世瞩目的万里长城、京杭大运河等，无一不是中华民族的劳动结晶。“民生在勤，勤则不匮。”劳动改变个人的命运，改变民族的命运，改变国家的命运。我们要实现中华民族伟大复兴的中国梦，要所有的劳动者们也必须勠力同心，共同奋斗。

劳动人物

王平：扎根天山奔小康的奋斗者

刚到新疆时，王平主要靠打零工为生，一天能挣 5 元钱，“什么活儿都干，别人嫌累不肯干的活儿我去，别人嫌钱少不肯干的活儿，我也去”。但王平并不是只知道吃苦，她还会在苦干中发现机会，开动脑筋解决问题。那时为连队放羊，王平种了麦子和苜蓿，一边放羊一边种地。苦干加巧干，羊和人都有吃的了，羊的数量也增加到 500 头。

放羊的这一年下来，王平和丈夫吃了很多苦，也尝到了收获的喜悦。她从银行贷款 20 万元，开启了荒地的养护和种植计划。他们的努力也没有白费，到了年底他们获得了大丰收，不仅还了全部贷款，还净赚 20 万元。这让一些外出打工的人看到了希望，有人表示也想承包土地。连长找到王平，希望她能让出一部分地给大伙儿承包，她欣然同意。把哪些地让出来呢？王平毅然决定，“要让，就让最好的地”。

连里想承包土地的职工越来越多，但是他们手里没有钱，于是都去找王平借钱。王平就算把家里的存款都借出去，也帮不了这么多人，可是乡亲们的困难不能眼看着不帮。最后，她想出了一个办法：把房子抵押，贷款。

2008 年王平加入了中国共产党，她在党旗下庄严宣誓，并承诺“一定要尽自己的最大力量帮助困难职工群众，让更多的人走上小康之路”。后来她向连队党支部建议设立“王平帮扶基金”，自己先拿出 5 万元作为启动资金，用于职工工作生活应急之用。连队的党员干部被她打动，也纷纷拿出资金共同建立帮扶基金，让更多的人得到了切实的帮助。

这些年，全连百余名职工绝大多数都得到过王平的帮助。她让出的好地惠及了几十个家庭；借出的钱超百万元，数十户职工在王平的帮助下脱贫致富。她说：“我只是干了自己该干的事情，党和国家就给了我这么大的荣誉，这荣誉是整个兵团的。我也一定要做出更大的贡献，带领农场的群众过上更好的日子，不辜负党的重托。”

扫二维码

资源 1-8：王平：扎根天山奔小康的奋斗者

知识链接

分工的发展的各个不同发展阶段，同时也就是所有制的各种不同形式。这就是说，分工的每一个阶段还决定个人在劳动材料、劳动工具和劳动产品的相互关系。

第一种所有制形式是部落所有制。这种所有制与生产的不发达阶段相适应，当时人们靠狩猎、捕鱼、畜牧，或者最多靠耕作为生。在人们靠耕作为生的情况下，这种所有制是以有大量未开垦的土地为前提的。在这个阶段，分工还很不发达，仅限于家庭中现有的自然形成的分工的进一步扩大。因此，社会结构只限于家庭的扩大：父权制的部落首领，他们管辖的部落成员，最后是奴隶。潜在于家庭中的奴隶制，是随着人口和需求的增长，随着战争和交易这种外部交往的扩大而逐渐发展起来的。

第二种所有制形式是古典古代的公社所有制和国家所有制。这种所有制首先是由于几个部落通过契约或征服联合为一个城市而产生的。在这种所有制下仍然保存着奴隶制。除公社所有制以外，动产私有制以及后来的不动产私有制已经发展起来，但它们是作为一种反常的、从属于公社所有制的形式发展起来的。公民仅仅共同拥有支配自己那些做工的奴隶的权力，因此受公社所有制形式的约束。这是积极公民的一种共同私有制，他们面对着奴隶不得不保存这种自然形成的联合方式。因此，建筑在这个基础上的整个社会结构，以及与此相联系的人民权力，随着私有制，特别是不动产私有制的发展而逐渐趋向衰落。分工已经比较发达。城乡之间的对立已经产生，后来，一些代表城市利益的国家同另一些代表乡村利益的国家之间的对立出现了。在城市内部存在着工业和海外贸易之间的对立。公民和奴隶之间的阶级关系已经充分发展。

随着私有制的发展，这里第一次出现了这样的关系，这些关系我们在考察现代私有制时还会遇见，不过规模更为巨大而已。一方面是私有财产的集中，这种集中在罗马很早就开始了（李奇尼乌斯土地法就是证明），从内战发生以来，尤其是在帝政时期，发展得非常迅速；另一方面是由此而来的平民小农向无产阶级的转化，然而，后者由于处于有产者公民和奴隶之间的中间地位，并未获得独立的发展。

第三种形式是封建的或等级的所有制。古代的起点是城市及其狭小的领域，中世纪的起点则是乡村。地旷人稀，居住分散，而征服者也没有使人口大量增加，——这种情况决定了起点有这样的变化。因此，与希腊和罗马相反，封建制度的发展是在一个宽广得多的、由罗马的征服以及起初就同征服联系在一起的农业的普及所准备好了的地域中开始的。趋于衰落的罗马帝国的最后几个世纪和蛮族对它的征服本身，使得生产力遭到了极大的破坏；农业衰落了，工业由于缺乏销路而一蹶不振，商业停滞或被迫中断，城乡居民减少了。这些情况以及受其制约的进行征服的组织方式，在日耳曼人的军事制度的影响下，发展了封建所有制。这种所有制像部落所有制和公社所有制一样，也是以一种共同体为基础的。但是作为直接进行生产的阶级而与这种共同体对立的，已经不是与古典古代的共同体相对立的奴隶，而是小农奴。随着封建制度的充分发展，也产生了与城市对立的现象。土地占有的等级结构以及与此相联系的武装扈从制度使贵族掌握了支配农奴的权力。这种封建结构同古典古代的公社所有制一样，是一种联合，其目的在于对付被统治的生产者阶级；只是联合的形式和对于直接生产者的关系有所不同，因为出现了不同的生产条件。

（资料来源：马克思、恩格斯《德意志意识形态》，《马克思恩格斯选集》，第1卷，148~150页，人民出版社，2012）

主题三
劳动创造美好生活

劳动是人类的本质活动，劳动光荣、创造伟大是对人类文明进步规律的重要诠释。“民生在勤，勤则不匮。”中华民族是勤于劳动、善于创造的民族。正是因为劳动创造，我们拥有了历史的辉煌；也正是因为劳动创造，我们拥有了今天的成就。

——习近平，《在庆祝“五一”国际劳动节暨表彰全国劳动模范和先进工作者大会上的讲话》，《人民日报》，2015 年 4 月 28 日

光荣属于劳动者，幸福属于劳动者。我国工人阶级和广大劳动群众要更加紧密地团结在党中央周围，勤于创造、勇于奋斗，努力在全面建设社会主义现代化国家新征程上创造新的时代辉煌、铸就新的历史伟业！

——习近平，《在全国劳动模范和先进工作者表彰大会上的讲话》，《人民日报》，2020 年 11 月 25 日

扫二维码

资源 1-9：主题导入

知识图谱

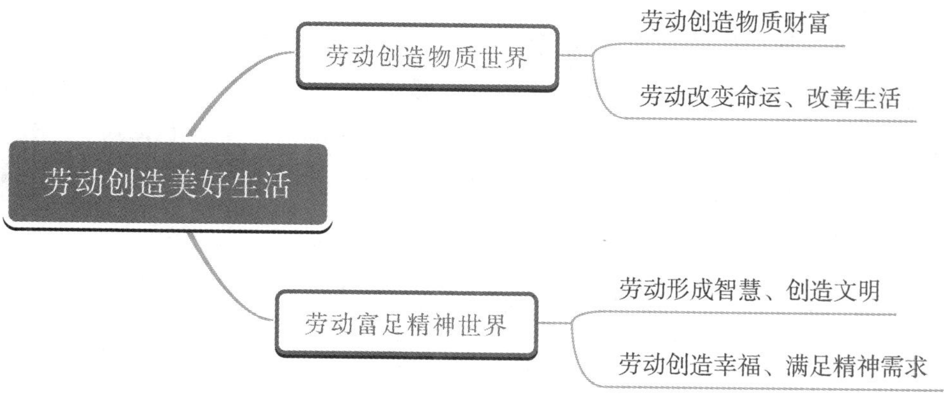

关键词 劳动、物质世界、精神世界

扫二维码

资源 1-10：全国 832 个贫困县清零

案例导入

2020 年 11 月 23 日，贵州省宣布最后 9 个贫困县正式脱贫摘帽，其中包括宁波对口帮扶黔西南州的晴隆县和望谟县。至此，全国 832 个国家级贫困县全部脱贫摘帽。（请扫码观看视频）

观看视频后请思考：贫困县脱贫摘帽、贫困人口脱贫致富的途径有哪些？脱贫致富最根本依靠的是什么？

一、劳动创造物质世界

劳动使人类从荒蛮走向文明，劳动创造了历史。纵观人类社会发展史，从刀耕火种的原始社会，到男耕女织的农业社会，从蒸汽时代到电气时代，再到当今的信息时代，劳动一直促进生产力不断发展，推动着历史向前发展。

（一）劳动创造物质财富

劳动是创造价值的唯一源泉。用自己勤劳的双手和辛勤的劳动认识和改造客观世界，创造丰裕富足的物质生活和多姿多彩的精神生活，从而使人自身得以不断发展和全面提升，这是人类社会的最本质特征和最伟大之处。

财富和价值是无差别的人类劳动的结晶，饱含着奋进、智慧和勤勉。当人们被太多资本运作、一夜暴富的故事所触动而津津乐道时，有人追求少劳多得，有人幻想不劳而获，甚至有人鄙视诚实勤勉。然而，历史和现实都告诫我们，勤勉才能致富，奋斗才能成功，只有脚踏实地的劳动才能托起一个又一个致富的梦想。

靠着自己勤奋劳作和不服输的精神，陶华碧把“老干妈”品牌做成了享誉世界的名牌。从普通的家庭妇女到坐拥亿万家产的企业家，陶华碧让“老干妈”从贵州走向全国。

陶华碧依靠自己的双手不仅为自己创造财富，也为他人托起了致富的梦想。“三百六十行，行行出状元。”踏踏实实地进行生产经营，不断超越自己，就能在任何一个行业找到属于自己的天空，而不会被急功近利、一夜暴富的捷径所诱惑。

浙江义乌人肩挑背扛，鸡毛换糖，靠着一点一滴辛苦的积累，将“一穷二白”的小县城打造为闻名世界的小商品交易中心，更是对“劳动创造财富”的解释（见图1-23，图1-24）。从挑着货郎担走街串巷到摆摊设点个体经营，到成立公司、利用互联网把业务拓展到海外，义乌人凭借“亦工亦农亦商”的勤奋与执着，支撑起了一个大市场，也撑起了令世人感动的“义乌精神”。他们成功的秘诀只有一个，就是辛勤的劳动。

图 1-23　鸡毛换糖

图 1-24　义乌国际商贸城

越来越多的普通劳动者依靠自己勤劳的双手，积累着个人的财富，创造着美好的生活。无数追求财富梦想的人们，通过诚实劳动书写着从小作坊到大企业，从小生意到大品牌的成长故事。

习近平总书记强调，劳动是财富的源泉，也是幸福的源泉。人世间的美好梦想，只有通过诚实劳动才能实现；发展中的各种难题，只有通过诚实劳动才能破解；生命里的一切辉煌，只有通过诚实劳动才能铸就。

（二）劳动改变命运、改善生活

党的十八大以来，以习近平同志为核心的党中央把脱贫作为全面建成小康社会的突出短板和底线目标，在全国范围全面打响脱贫攻坚战，创造了人类减贫史上的奇迹。

发展产业、异地搬迁、生态补偿……每个贫困户脱贫的背后，都是一个系统工程，一场需要拼搏的硬仗。脱贫不仅需要国家的扶持和政策，更需要每个贫困户脚踏实地的辛勤劳动和不怕苦、不怕累的实干精神。

努力就有收获，付出就有回报。一个人只有以自强不息、坚忍不拔的精神和耐力，勤勤恳恳、踏踏实实的劳动，才能真正把命运掌握在自己手中，实现所有的期待和梦想。一个国家、一个民族，亦是如此。

中华人民共和国成立后，在当时一穷二白的情况下，原子弹爆炸成功，人造卫星升空，宣告着我们国家正在追赶着世界。而这背后，是一批批像邓稼先、李四光等默默奉献着的劳动者，也是一批批无名劳动英雄，用他们的双手艰辛地付出，加快了追赶的速度。改革开放带来了崭新机遇，涌现出了一大批优秀企业。这一切，都根植于一个个普通劳动者的辛勤、诚实、极具创造性的劳动之中。中国经济的飞速发展、人民生活的极大改善，饱含着无数劳动者奋力拼搏的汗水和勤勉奉献的精神，是亿万人民的辛勤劳动和艰苦奋斗的结果。

图 1-25　拓荒牛

拓荒牛（见图 1-25），位于中共深圳市委大门前，是深圳市的标志。它目光如炬、目标明确，立足大地、紧蹬四蹄，不畏田野广袤，不惧酷暑严寒，春夏秋冬，日出日落，无言地耕作，无声地流汗，只为拓出一片良田沃土，只为换得秋收时笑满面、谷满仓。拓荒牛精神代表了第一代深圳特区的建设者们的拼搏进取精神，代表了敢闯敢干、敢为人先、埋头苦干的“特区精神”！

40 多年前，深圳的创业者们就像这头拓荒牛一样，任劳任怨，无私奉献，把一个贫穷的边陲小镇，开垦、建设成为一个现代化、国际化城市，拓荒牛精神代表的，正是深圳的这种开拓、勤勉精神。

深圳国贸大厦（见图 1-26）位于繁华热闹的罗湖区人民南商圈。在 20 世纪 80 年代，它曾是全国第一高楼，楼高 160 米，共 53 层。当时中国建筑第三工程局有限公司（简称中建三局）“铁姑娘班”的杜先芳回忆说，从 1983 年 6 月到 10 月，中建三局一直在进行技术攻关，最终研制出国内第一套大面积内外筒整体同步滑模的新工艺，国贸大厦“长高”的速度也越来越快。从第 31 层开始，持续以 3 天一层的速度盖楼。而当时，国内最快的盖楼速度是 5 天一层，国外是 4 天一层。从此，“三天一层楼”的“深圳速度”响彻全国。

图 1-26　深圳国贸大厦发展对比（左图为 20 世纪 80 年代资料图片，右图为现在的资料图片）

深圳的发展是人们依靠实干改变命运、改善生活的最好证明。有专家推算，从一个基础很差的村镇建成一个国际大都市，在欧洲要150年，在美国要100年，在东亚要70年，在中国却只用了30年。深圳的发展靠的就是无数务实肯干、只争朝夕的深圳特区人。特区人敢为天下先，以时不我待、只争朝夕的劲头，开创了一条通向富裕繁荣的新路。

劳动面面观

贵阳市某送餐公司正在对孩子用过的早餐盒进行统一回收，中学语文老师郑志雄发现里面剩的全是鸡蛋，一数，发现竟然剩了39枚鸡蛋，而这个班有45名学生。了解一下发现不少同学竟然不是不吃，而是根本就不会剥鸡蛋。（2019年9月10日《现代快报》）

杭州曾被曝出初一学生不会系鞋带的新闻，现在又出现不会剥鸡蛋的，还有学生不会洗衣服，把脏衣服邮寄回家让父母洗的……

有些家长认为，孩子不会系鞋带、剥鸡蛋、洗衣服等家务劳动不要紧，只要学习好就行了。以后挣钱可以请保姆干这些活，不用自己干。

热点讨论：

1. 应不应该让孩子参与家务活？

2. 劳动的意义何在？

二、劳动富足精神世界

（一）劳动形成智慧，创造文明

1814年英国人制造出世界上第一列火车，1903年莱特兄弟制造的人类第一架飞机试飞成功，1961年苏联宇航员第一次进入太空，1969年美国航天员第一次登上月球……200多年过去了，人类的生存方式和生产方式发生了翻天覆地的变化。是什么拓展了我们的视野？是什么缩短了我们之间的距离？是什么让人类变得更为强大？是劳动！劳动是人和动物的根本区别，而创造性劳动则是人脱离动物的根本力量。劳动，尤其是创造性劳动，构成了社会生产力进步的核心内容，让我们的世界变得日新月异，让我们的生活多彩斑斓。明代李时珍编写的《本草纲目》（见图1-27）就体现了我国古代人民的劳动智慧。

图1-27　本草纲目

《本草纲目》，药学著作，全书共52卷，明朝李时珍撰。全书共190多万字，载有药物1892种，收集医方11096个，绘制精美插图1160幅，分为16部、60类。

在继承和总结以前本草学成就的基础上，结
累的大量药学知识，经过实践和钻研，历时
书中考证了过去本草学中的若干错误，综合
科学的药物分类方法，融入先进的生物进化
实践，是一部具有世界性影响的著作。
心血和劳动，《本草纲目》让一代代人获得医
变得越来越健康。中国古代任何一项科技成
开先人艰辛的探索。宋应星历时20年，行程
》；毕昇深感雕版痛苦，几经试验，才有了活版印刷……

有人说，“劳动是一代又一代传承的过程，在劳动中形成的经验通过一代一代地传承和积累，最后会形成一种智慧。在某一特殊时刻，劳动的智慧通过一个人或一群人实现飞跃和创新，从而产生一些重大的科技发明，推动科技进步”。这是劳动形成智慧的本质所在，中国古代四大发明从劳动中产生。人类智慧的积累带来了科技革命的爆发，四次工业革命的出现亦是如此。

科学技术是第一生产力，科学技术改变了人们的生活，但科学技术的每一次进步，都离不开人类文明的发现、探索和积累，人类以自己的不懈求索和辛勤劳动点亮了一盏盏智慧的明灯。人类在劳动中形成了智慧，发现了火，发明了电灯，飞上了蓝天，飞向了太空……人类在劳动的过程中，形成了卓越的智慧，创造了整个历史和文明。

（二）劳动创造幸福，满足精神需求

幸福是人类孜孜以求的理想生活，也是每个人努力追求的人生目标。幸福是什么？每个人都有自己的答案，有人生理想的实现，有家人欣慰的笑脸，有社会认可的成就，还有国家强盛的情怀。但如何才能获得幸福，答案只有一个：那就是劳动与奋斗。

新时代是奋斗者的时代。对于个人而言，幸福生活不可能从天而降，我们也不可能不劳而获，幸福美好的生活一定是靠我们勤劳的双手奋斗、

打拼出来的。无论我们身处何地、身居何职，抑或从事何种工作，积极劳动、踏实工作，不懈奋斗、追求卓越是我们应该有的价值追求，也是我们获得物质积累的基础。无数成功的事例表明，选择劳动才能创造幸福，选择奋斗才能实现梦想。

在数不清的大山深处，在高原、戈壁、海洋之上，在矿井深处，在每一次抢险救灾中，有着无数平凡的劳动者。他们可能远离鲜花和聚光灯、不为人知，但他们怀着阳光般美好的劳动精神，给他人带来便利和快乐的同时，自己也收获了尊重和认可。这种劳动收获的幸福比物质回报更让人回味悠长，如金子般闪闪发亮。无数普通劳动者吃苦实干、辛勤付出的行为创造了生活的精彩和人民的幸福。

习近平总书记指出，人世间的一切幸福都需要靠辛勤的劳动来创造。我们对劳动和劳动者的讴歌和礼赞从来没有间断过。淘粪工人时传祥（见图 1-28）宁肯一人脏，换来万家净，他获得了国家主席刘少奇的亲切接见和高度赞扬，他以自己的劳动收获全社会的认可和尊重，他是幸福的。王进喜（见图 1-29）、焦裕禄、马永顺等以火热的激情和赤诚投入劳动中，他们被尊重从而获得快乐，他们成为一个时代的象征，他们的人生是幸福的。

图 1-28　全国劳模时传祥

图 1-29　“铁人”王进喜

国家设立教师节、护士节、记者节等节日，都是对劳动者的肯定与礼赞，而五一国际劳动节更是全世界对劳动者共同的感恩日。劳动不仅是人们获得成功、改善生活的渠道，而且还是升华人生意义、找到内心归宿的寄托。为了年老的父母和稚嫩的孩子，承担起家庭的责任，是幸福；为了工作的职责和身上的责任，爱岗敬业、兢兢业业，是幸福；为了他人的笑脸和别人的快乐，坚持奉献和守候，是幸福；为了家国情怀和民族荣耀，勇于担当、敢于奉献，是幸福。

中华民族过去的辉煌成就是我们的先辈艰苦奋斗、自强不息开创出来的，我们的幸福美好生活也是革命前辈们艰苦奋斗拼搏出来的。今天，我们比历史上任何时期都更接近、更有信心和能力实现中华民族伟大复兴。我们每个人都要拿出筚路蓝缕的艰苦奋斗精神，立鸿鹄志，做奋斗者，埋头苦干、艰苦创业，矢志不渝、接续奋斗，用自己点点滴滴的劳动和自强不息的奋斗，实现人生价值、创造美好生活，努力干出无愧于时代和人民的新业绩。

劳动人物

"镀铬工状元"甘军华

甘军华成为一名镀铬工的时候，还不到17岁。作为镀铬工，长期和镀铬接触，会对身体造成损伤，早先和甘军华一同成为镀铬工的同事们纷纷转行了，而甘军华却30年如一日，在镀铬这个岗位上持之以恒、默默奉献，不仅成了车间的"元老"，也成了行业的知名工匠。甘军华对待镀铬事业，始终兢兢业业。经过30来年的车间实践，甘军华早已把镀铬做到了炉火纯青的地步，仅靠自己的"火眼"和"神手"就能保证硫酸溶剂的正常配比，即使细小的颜色差别也能肉眼发现。经过甘军华双手镀铬出的产品，优良率近乎百分之百，多年来在公司保持着高优良率的记录无人能破，早已成为了公司唯一的免检工序。经甘军华提议、设计和参与工艺改良的项目多达300多个，由他带班生产的气门有2万多支，由此也推动天雁公司成为国内首个成功研制高性能气门的企业。

甘军华连续多年被评为省、市劳动模范，并非常光荣地当选为党的十九大代表。甘军华说，当选为党的十九大代表，他感觉非常光荣，在今后的工作中，他会扎扎实实地努力工作，无愧为党代表称号。

知识链接

社会主义是干出来的，新时代是奋斗出来的。这次受到表彰的全国劳动模范和先进工作者，是千千万万奋斗在各行各业劳动群众中的杰出代表。他们在平凡的岗位上创造了不平凡的业绩，以实际行动诠释了中国人民具有的伟大创造精神、伟大奋斗精神、伟大团结精神、伟大梦想精神。希望大家珍惜荣誉、保持本色，谦虚谨慎、戒骄戒躁，继续发挥示范带头作用。

劳动是一切幸福的源泉。新形势下，我国工人阶级和广大劳动群众要继续学先进赶先进，自觉践行社会主义核心价值观，用劳动模范和先进工作者的崇高精神和高尚品格鞭策自己，焕发劳动热情，厚植工匠文化，恪守职业道德，将辛勤劳动、诚实劳动、创造性劳动作为自觉行为。各级党委和政府要尊重劳模、关爱劳模，贯彻好尊重劳动、尊重知识、尊重人才、尊重创造方针，完善劳模政策，提升劳模地位，落实劳模待遇，推动更多劳动模范和先进工作者竞相涌现。全社会要崇尚劳动、见贤思齐，加大对劳动模范和先进工作者的宣传力度，讲好劳模故事、讲好劳动故事、讲好工匠故事，弘扬劳动最光荣、劳动最崇高、劳动最伟大、劳动最美丽的社会风尚。要开展以劳动创造幸福为主题的宣传教育，把劳动教育纳入人才培养全过程，贯通大中小学各学段和家庭、学校、社会各方面，教育引导青少年树立以辛勤劳动为荣、以好逸恶劳为耻的劳动观，培养一代又一代热爱劳动、勤于劳动、善于劳动的高素质劳动者……

同志们！

光荣属于劳动者，幸福属于劳动者。我国工人阶级和广大劳动群众要更加紧密地团结在党中央周围，勤于创造、勇于奋斗，努力在全面建设社会主义现代化国家新征程上创造新的时代辉煌、铸就新的历史伟业！

（资料来源：习近平，《在全国劳动模范和先进工作者表彰大会上的讲话》，《人民日报》，2020 年 11 月 25 日）

第二部分
积极的劳动精神

>> 学习目标

◆ 了解积极的劳动精神的内涵和主要内容。

◆ 通过对劳动精神的认识和理解，深刻把握劳模精神和工匠精神，并结合学习和个人实际，逐步培养劳模精神和工匠精神。

◆ 强化对新时代劳动精神的认识，树立科学的劳动观念，增强劳模精神和工匠精神意识，不断提高自己的劳动素养并指导劳动实践。

>> 知识图谱

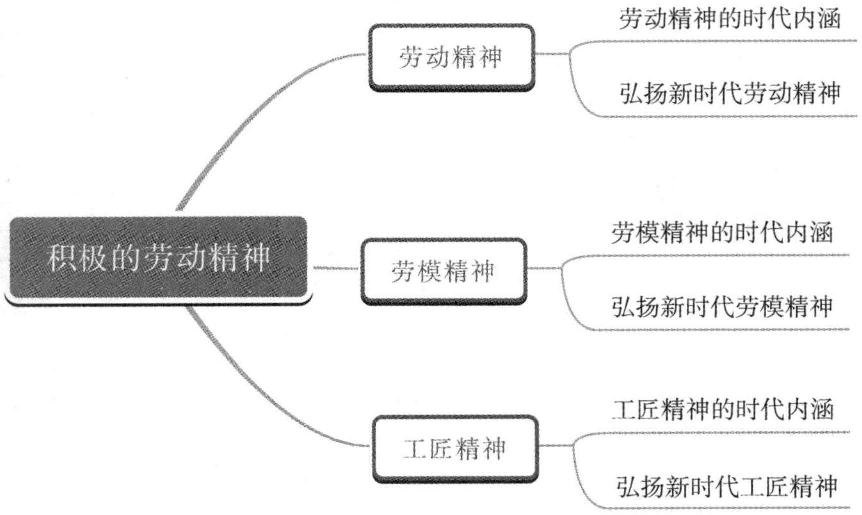

>> 思想火花

作为新时代的新青年，应该如何培养和践行积极的劳动精神呢？

主题一 劳动精神

在长期实践中，我们培育形成了爱岗敬业、争创一流、艰苦奋斗、勇于创新、淡泊名利、甘于奉献的劳模精神，崇尚劳动、热爱劳动、辛勤劳动、诚实劳动的劳动精神，执着专注、精益求精、一丝不苟、追求卓越的工匠精神。

——习近平，《在全国劳动模范和先进工作者表彰大会上的讲话》，《人民日报》，2020 年 11 月 25 日

知识图谱

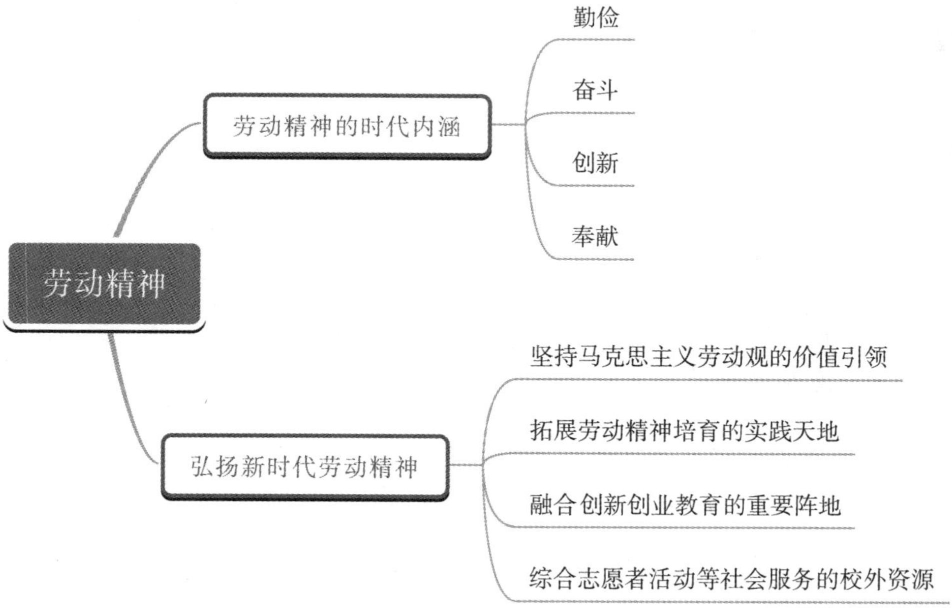

关键词 勤俭、奋斗、创新、奉献

案例导入

2014 年 4 月 30 日，“劳动精神”在习近平总书记于乌鲁木齐接见劳动模范和先进工作者时被首次提出。2015 年 4 月 28 日，习近平总书记在庆祝“五一”国际劳动节暨表彰全国劳动模范和先进工作者大会上的讲话中提道，“我们一定要在全社会大力弘扬劳模精神、劳动精神，大力宣传劳动模范和其他典型的先进事迹，引导广大人民群众树立辛勤劳动、诚实劳动、创造性劳动的理念，让劳动光荣、创造伟大成为铿锵的时代强音，让劳动最光荣、劳动最崇高、劳动最伟大、劳动最美丽蔚然成风。”2016 年 4 月 26 日，习近平在知识分子、劳动模范、青年代表座谈会上的讲话指出，“要在全社会大力弘扬劳动精神，提倡通过诚实劳动来实现人生的梦想、改变自己的命运”。2018 年 9 月 10 日，习近平在全国教育大会上强调“要在学生中弘扬劳动精神，教育引导学生崇尚劳动、尊重劳动”。2020 年 3 月 20 日，中共中央、国务院印发《关于全面加强新时代大中小学劳动教育的意见》（后简称《意见》）中指出，明确劳动教育总体目标。通过劳动教育，使学生能够理解和形成马克思主义劳动观，牢固树立劳动最光荣、劳动最崇高、劳动最伟大、劳动最美丽的观念；体会劳动创造美好生活，体会劳动不分贵贱，热爱劳动，尊重普通劳动者，培养勤俭、奋斗、创新、奉献的劳动精神。习近平总书记关于“劳动精神”的一系列论述，深刻阐述了新时代劳动教育的重要性。培育和弘扬劳动精神对丰富人民美好生活、实现人自由全面的发展、建成社会主义现代化国家和实现中华民族伟大复兴的中国梦有非常重要的意义。

读完这段话请思考：你心中的“劳动精神”是什么？

扫二维码

资源 2-1：习近平在知识分子、劳动模范、青年代表座谈会上的讲话

一、劳动精神的时代内涵

（一）勤俭

勤俭既是中华民族千百年来的优秀传统美德，又是中国革命、建设和改革发展中的基本方针和指南。勤俭包含了两层含义，勤劳和节俭。在体力方面做到勤劳不懈、吃苦耐劳；在精神方面做到欲望约束、杜绝奢侈。弘扬新时代劳动精神，一方面不仅要从认知层面肯定辛勤劳动，更要在实际生活中，践行辛勤劳动，反对一夜暴富和不劳而获等错误思想，用踏实肯干和聪明才智更好地践行辛勤劳动；另一方面需要劳动人民节俭，合理地使用财富，杜绝社会财富的浪费。李商隐在《咏史》中写道“历览前贤国与家，成由节俭败由奢”，陶渊明在《劝农》中提道“民生在勤，勤则不匮”，这些都说明了勤劳和节俭的重要性。弘扬劳动精神，在勤俭的层面，一方面是要培养真做实干、踏踏实实地干的意识，不做“虚工”，要防止只做一次的作秀式劳动，推动持续不断的劳动；另一方面，要培养珍惜劳动成果的意识，在实实在在的劳动中认识到财富来之不易，要勤劳节俭，珍惜劳动人民创造出的社会财富。

（二）奋斗

奋斗是指劳动者为达到一定目的而付出努力的过程，即劳动者不满现状或者为了追求理想，战胜各种困难，敢于面对压力、痛苦和挫折，努力抗争，争取出现新局面的行为。艰苦奋斗是党和人民取得胜利的关键，中华人民共和国从站起来到富起来再到强起来的三次飞跃，是无数革命先辈和时代建设者艰苦奋斗的结果。

新时代是奋斗者的时代，对于当代青年人来说，新时代的奋斗环境与革命年代已大不相同，但两代青年人要解决发展中的难题，都离不开艰苦奋斗。奋斗于个人而言，要敢于突破现状，走出舒适圈，不断挑战自己、战胜自己，在奋斗中实现个人的成长成才。奋斗于国家而言，要不忘初心、砥砺前行。在中国特色社会主义新时代，我们要为满足人民对美好生活的向往和追求而不断奋斗发展、推动经济、政治、文化、社会、生态五位一体共同发展，全面提升我国的综合国力，保持国际竞争力优势。

（三）创新

创新是指以现有的思维模式提出有别于常规或常人思路的见解为导向，利用现有的知识和物质，在特定的环境中，本着理想化需要或为满足社会需求而改进或创造新的事物、方法、元素、路径、环境，并能获得一定有益效果的行为。创新作为劳动过程的高级阶段，对国家和民族的发展具有重要影响。当前中国正处于“创新驱动发展”的关键时刻，面对全球抗击新型冠状病毒肺炎疫情攻坚克难之时，应对全球经济下行的世界压力，中国经济要实现高质量平稳发展，抢占全球第四次科技革命和产业革命的制高点，都离不开创新劳动。劳动质量有优劣之分。一些劳动者从事重复性、机械化的简单劳动，一些劳动者从事创新性、灵活度高的复杂劳动，这种创造性劳动是劳动者知情意行的统一，是富有美感的享受性劳动。当代青年除了辛勤劳动、艰苦奋斗外还要追求创造性劳动，在日常的学习生活中勤于反思，有意识地培养自己的创新思维，积极创新、敢于创新、自觉创新。敢于打破传统、质疑权威、敢为人先，积极投入创造性劳动的实践之中，用不拘一格的创新思维和吃苦耐劳的强大毅力铸就创新劳动精神。

（四）奉献

奉献精神是一种自我牺牲的精神。奉献精神是指个人为了实现某一事业或理想，不顾个人得失，抛弃自己的一切利益，甚至牺牲生命的精神。奉献精神的核心是社会利益与个人利益的关系问题。在社会主义社会中，个人利益与集体利益在根本上是一致的。当个人利益与集体利益发生矛盾时，要坚持以集体利益为重，并愿意放弃或牺牲个人利益。从长远来看，坚持集体利益是对个人利益的一种保护。社会主义劳动精神的本质在于奉献。社会主义国家的劳动追求的是人的自由而全面的发展，是为了解放全人类，因此也就形成了社会主义国家的集体主义价值观，个人利益服从国家和集体的利益。劳动精神是劳动者甘愿为社会进步发展奉献一切的兢兢业业的崇高精神。新时代的青年要有集体主义价值观，要有先公后私、无私奉献的观念，要把个人的人生追求融入建设社会主义现代化国家的伟大事业中去。

劳动面面观

2020 年全国劳动模范和先进工作者——钟波

钟波，极米科技董事长，在他的创新团队的带领下，极米一直保持行业领先地位，并先后获得“国家高新技术企业”“四川省优秀民营企业”“四川民营企业 100 强”等荣誉。

2012 年，钟波辞去高薪工作，回到成都创业。接下来，他带领一群“80 后”组建了创业团队，团队取名“极米科技”。钟波带领团队坚持科技创新，致力于在新型显示领域为消费者提供性能卓越和高品质的智能投影产品，极米的产品打破了传统电视在尺寸上的限制，开创了一个全新的市场。基于对技术研发和产品创新的坚持，短短 5 年间，钟波所创立的极米就成为投影显示行业的龙头企业，2018 年极米以 57.5 万台的出货量位居中国投影机市场出货量第一，这是国产品牌在中国投影机市场的首次登顶，成功改写了中国投影市场长达 15 年被外资品牌称霸的局面。

作为极米的大本营，成都对于高新科技企业的政策扶持让创业初期的钟波获益颇多。而对于钟波而言，一个健康的企业发展环境不仅需要来自政府的支持，而且作为企业也应该主动回馈社区，形成良性的发展循环。目前，极米在成都拥有上千名员工，年上缴税费金额达数千万元。同时，钟波也牵头团队在成都先后设立了四川省企业技术中心、四川省工业设计中心、四川省投影显示工程研究中心三大研发设计中心，以推动成都作为老牌光学研究基地的产业发展。2018 年，总投资 15 亿元的极米智能光电产业园在四川省宜宾市开业，建设面积高达 22 万平方米。作为极米未来在中国市场的制造中心，该产业园正式投产后可提供上千个新的工作岗位，预计 5 年内的总产值将达到 200 亿元。秉承着“成都研发，宜宾制造，立足四川，走向全球”的发展理念，钟波希望为“中国智造”走出国门贡献自己的一份力量。

在推动产业发展的同时，钟波也带领团队积极履行企业社会责任，投身到各项公益事业中。“天堂电影院”作为极米持续开展的一项公益项目，目的在于让偏远山区的孩子们感受科技的温度。工作之余的钟波都会亲力亲为的参与到活动中，除了为孩子们提供生活和学习上的帮助，他也希望能够借助投影这扇“窗户”，让孩子们接触到更加丰富多彩的世界。2020 年疫情防控期间，钟波第一时间组织公司员工加入支持疫情防护和支援疫区的相关工作中，例如，为用户提供线上防疫专题、心理课程、在线教育、健身等内容；联合某平台开通 24 小时线上义诊；为身处疫情重点区域的合作伙伴捐赠口罩等价值数十万的防疫必需品等。

热点讨论：

1. 钟波在劳动过程中体现出了劳动精神的哪些内涵？

2. 对于钟波回馈社会的行为，你怎么看？

二、弘扬新时代劳动精神

（一）坚持马克思主义劳动观的价值引领

树立正确的劳动观是培育劳动精神的基础与核心。马克思指出，劳动作为人类改造自然的能动活动是人类的本质所在。劳动创造了人类社会。马克思主义劳动观强调只有让无产阶级意识到粉碎资本主义的剥削才能实现全人类及其自身的解放。正如马克思在《资本论》中所写的那样，从劳动价值论出发，剖析出资本主义生产和剥削劳动者的本质。榨取劳动者的剩余价值，实现资本家的资本原始积累。受西方消费主义、享乐主义不良思潮的影响，一些错误的劳动观念仍然存在于社会主义国家中。例如，受西方剥削阶级“好逸恶劳”劳动观念的影响，社会上企图“不劳而获”“走捷径”的思想仍然存在；受“官本位”思想影响，将劳动分为“三六九等”的“学而优则仕”观念的影响等。这些错误的劳动观念容易让人们在思想上形成“懒惰病”，在行动上形成“骄奢病”，因此必须坚决抵制错误劳动观念的传播，弘扬劳动精神中的“勤俭”之义。

我国新时代劳动精神继承并发扬了马克思主义劳动价值观，是习近平新时代中国特色社会主义思想的重要组成部分。劳动不单纯是一种谋生手段，劳动的价值不等同于金钱，社会主义劳动的价值在于人民通过劳动创造出物质文明和精神文明，实现人自由而全面的发展，推动国家和社会不断地发展与进步。正是建立在马克思主义劳动观的基础之上，我国的革命、建设和发展才取得了举世瞩目的成就，并不断向社会主义现代化强国迈进。

当代青年是国家富强梦、民族振兴梦的追梦者和圆梦人，新时代青年的发展舞台十分宽阔、前景十分光明，广大青年要以国家富强、人民幸福为己任，把自己的理想同国家的前途、民族的命运结合在一起，胸怀理想、志存高远，以国家富强梦、民族复兴梦激励自己积极投身中国特色社会主义伟大实践，并为之奋斗终身。

（二）拓展劳动精神培育的实践天地

培育劳动精神，要牢牢把握三大实践场所，在校内劳动、校外实践和家庭劳动中体验劳动之美。

1. 校内劳动，体验劳动之美

劳动精神是在劳动实践的探索中形成与发展的，因此劳动精神的培育要回到劳动实践中去。要充分利用校内实践平台，如技能大赛、寝室文化节、勤工助学平台、创新创业平台、各专业实训实习课、暑期“三下乡”等实践活动体悟劳动教育的意义。加强劳动实践在劳动教育中的比重，突出劳动精神在整个劳动教育体系中的基础地位。应该着重在劳动实践基地的开拓和发展上下功夫，德国劳动教育中的一体化综合教育课程，在重视理论教育的同时还配备了完备的实践配套措施，包括金加工、木加工工作室、整套的烹饪设备等。日本的大学生宿舍也配有公共活动区域，有烹饪室，配备全套的器皿、电器和佐料，以及交谊厅和会议室，学生可以在宿舍公共活动区域同朋友或者个人单独完成烹饪，同时设有宿舍管委会确保安全。

2. 校外实践，体验劳动之美

积极参加校外实践，坚持校企合作、产教融合是劳动精神培育的重要途径。人才要与时代接轨，就要扎根到现实中去，首先要了解国情和本专业的行情。我们可以通过新闻电视、广播、杂志、书籍、公众号和官方 APP 等途径了解国情和行情，积极参与社会调研，在调研中把握行业发展的第一手动态，也要积极关注行业专家和学者的论文和相关新闻等。学生要凭借自身专业知识积极参与专业实习实训，在劳动实践中要善于发现问题、思考问题、解决问题，端正劳动态度，培养辛勤劳动和艰苦奋斗的意识。

3. 家庭劳动，体验劳动之美

在家庭劳动中，家庭成员要营造良好的家庭劳动氛围。家庭是人生的第一所学校。正向的家庭教育对培育积极的劳动精神起促进作用。父母要以身作则，家庭成员要共同分担，从小培养子女良好的劳动习惯，锻炼其基本的劳动能力和生活自理能力，拒绝大包大揽。劳动教育缺失的家庭，孩子的自理能力会大打折扣，会对孩子学校生活劳动和社会生活劳动的适应与实践，甚至组建家庭等方面产生消极的影响。家庭成员之间应该通过分工合作、互帮互助、愉悦高效地完成家庭劳动的任务分工，并通过周边朋辈劳动榜样、劳动行为和劳动成果的宣传，继承发扬中华民族热爱劳动的优良传统。

（三）融合创新创业教育的重要阵地

劳动是创新的孵化器，是创造的基础石。作为引领时代发展方向的劳动储备力量，青年学生还需要在劳动中发挥开拓精神和创新创造能力。因此，我们要将创新创业教育纳入劳动教育的体系中，对标国际先进水平，借鉴优秀的创新培养体制机制。在劳动实践中充分发挥青年学生想象力丰富、洞察力强、好奇好问、信息敏锐等特点，引导他们学习前辈经验、提高动手能力，鼓励敢于质疑、大胆挑战的创新思维，引领他们将创新、创造、创意集中到国家发展亟须的领域和行业，以创新劳动推动科技革命、发展方式转变和产业升级，更好地贯彻新发展理念。

学校应该加大对创新创业实践基地的投入力度，不仅是在硬件设施上提供场地、设备等物质支持，也要在软件上提供强大的师资力量、企业经验等。

政府应为劳动者开展创造性劳动提供政策支持。在大众创业、万众创新的时代背景下，劳动精神既要具有勤俭、奋斗的传统内涵，还要具有勇于创新、追求卓越的时代内涵。创造性劳动从价值观念转化成人们的自觉行动，从精神领域转化到物质领域，制度安排和规范设计是极为必要的环节。劳动者自身素质的提高、工作条件的改善，为劳动、知识、技术、管理和资本的活力竞相迸发提供了前提条件。破除制约创新驱动发展的体制机制、完善政策和法律法规、创设有利于激发创新活力的环境，是创造性劳动得以实现的重要保障。新时代劳动精神的培育要在强化劳动者创新意识和创新思维的基础上，促使劳动者在不断追求卓越、超越自我的过程中提升自身的创新能力，从而为建设社会主义现代化强国提供强劲的发展动力。

（四）结合志愿者活动等社会服务的校外资源

志愿服务是指在不求回报的情况下，为改善社会，促进社会进步而自愿付出个人的时间及精力所做出的服务工作。劳动精神中的奉献精神可以通过志愿服务活动等形式去实现。志愿者服务精神的奉献、友爱、互助、进步的内涵也与劳动精神的内涵不谋而合。

新时代对劳动精神的培育提出了更高要求：教育不能只局限于课堂，还应结合校外劳动教育资源，在社会服务中体验劳动、践行劳动、感悟劳动，让劳动精神内化于心，外化于行，最终达到知行统一。志愿者服务的形式多样，志愿者服务应多选择与自身专业相符的服务活动，这样既能够运用专业知识服务社会，又能够在劳动实践中提高自身的专业素质。例如，医学志愿者可以深入社区向居民普及一些医学常识；法学志愿者可以开展法律进社区活动，向社区居民提供免费法律咨询；教育学志愿者可以参与“四点半课堂”社区儿童免费功课辅导活动；家电维修志愿者可以到社区开展志愿服务等。通过丰富的劳动实践活动和体验，懂得奉献的可贵。奉献不仅为他人创造了幸福，而且实现了个人价值，也给自身带来了幸福。

劳动人物

刘锦华：坚持做公益的最美大学生

刘锦华在甘肃兰州读大学本科期间，积极参加公益活动，借助微博大力宣传当地公益图书馆，引发广泛关注。他到条件艰苦的山区支教，中央电视台、人民网等对其事迹进行了报道；他曾获“最美大学生”、“好青年”、甘肃“十大新闻人物”等荣誉称号，入围“中国大学生年度人物”。

宣传公益图书馆　引全国网友关注

2011 年 10 月，19 岁的刘锦华考入西北师范大学，开始了志愿服务之路。一位七旬老人在当地创办了纯公益的民间图书馆——绿云书庵，多年来坚持免费开放，是附近农民工子女和留守儿童的读书天堂。

第一次到书庵，听完馆长讲述筹办书庵与多年坚持的不易，刘锦华深受感动，暗下决心要尽己所能帮忙。此后的每个周末，他都带领志愿者来书庵，打扫卫生、整理书架、装订报刊、登记新书等。

后来他突然想到，何不借助网络，让书庵受到更多人关注。于是他开始用微博宣传书庵，渐渐引起网友的关注，特别是由他编辑的一条微博被转载了1000多次，书庵逐渐在网络走红。不少网友纷纷寄书捐赠，参观者、各路新闻媒体也随之而来，书庵名声大振，最终被评为中国社会组织5A级单位。

2012年春节期间，央视《走基层·最美的中国人》节目把镜头对准正在绿云书庵做志愿活动的刘锦华，而此时他已是这里最活跃的志愿者。

暑运志愿服务　异乡学会自强

2012年暑假，刚读完大一的刘锦华留在了兰州，没有回老家。他报名参加了兰州车站暑运志愿服务活动，还找了一份收银员的工作，并用闲暇时间前往书庵帮忙。

“那个暑假非常忙碌。”他说，收银员的工作是工作一天休息一天，刚好与火车站志愿服务活动不太冲突，但他必须熬夜，并在第二天下班后立即赶往火车站。直到第四天，他才拥有自主支配时间，早上稍作休息之后，中午便赶往书庵处理事务，其中做得最多的莫过于对网上爱心捐书的回复。

在火车站，他与其他学生志愿者一同用真诚的笑脸、热情的服务帮助旅客，协助工作人员引导旅客安检、进出站验票。用他的话说，不回家的暑假让他远离了家庭，却在千里之外的异乡学会了自强自立。此后的几个假期，他都用来做志愿服务，几乎很少回家。

贫困山区支教　帮扶留守儿童

刘锦华经常在网上看到关于西部留守儿童的报道，他对此十分关注，希望有一天能帮助他们。2012年寒假，《中国青年报》主办关爱西部留守儿童志愿服务活动，他毫不犹豫地报了名。“他迅速启动微博募捐，短短半个月时间，一共为留守儿童筹集了150双手套、15本字典、6个暖宝宝、50本《读者》杂志。”对刘锦华的微博募捐，《中国青年报》进行了特别报道。

他来到甘肃武威市留守儿童较多的中山育英小学支教。孩子们的学习生活条件非常艰苦，但他们勤奋好学、天真可爱，这深深触动了他。他永远难忘那堂作文课，孩子们一个个聚精会神听课、认真做笔记，眼里满是求知的渴望。刘锦华的行动在网上受到众多网友的关注，甘肃省教育厅在微博上对他大加赞赏，并呼吁更多的人加入关爱留守儿童的队伍。热心志愿服务的他曾获评第九届中国大学生年度人物候选人。

知识链接

习近平给中国劳动关系学院劳模本科班学员的回信

中国劳动关系学院劳模本科班的同志们：

你们好！“五一”国际劳动节前夕，收到你们的来信，我感到十分高兴。你们为党和国家事业发展作出了突出贡献，被评为劳动模范，如今又在读书深造，这是对大家辛勤劳动、无私奉献的褒奖，也是党和国家对劳动者的关怀。

社会主义是干出来的，新时代也是干出来的。希望你们珍惜荣誉、努力学习，在各自岗位上继续拼搏、再创佳绩，用你们的干劲、闯劲、钻劲鼓舞更多的人，激励广大劳动群众争做新时代的奋斗者。

我一直强调，劳动最光荣、劳动最崇高、劳动最伟大、劳动最美丽。全社会都应该尊敬劳动模范、弘扬劳模精神，让诚实劳动、勤勉工作蔚然成风。

值此“五一”国际劳动节之际，我向你们、向全国所有劳动模范、向全国广大劳动者，致以节日的问候。

（资料来源：习近平，《习近平给中国劳动关系学院劳模本科班学员的回信》，《光明日报》，2018 年 05 月 01 日）

主题二
劳模精神

弘扬劳模精神和工匠精神，营造劳动光荣的社会风尚和精益求精的敬业风气。

——习近平，《在中国共产党第十九次全国代表大会上的报告》，《光明日报》，2017 年 10 月 28 日

劳动模范是民族的精英、人民的楷模，是共和国的功臣。

——习近平，《在全国劳动模范和先进工作者表彰大会上的讲话》，《人民日报》，2020 年 11 月 25 日

知识图谱

- 劳模精神
  - 劳模精神的时代内涵
    - 劳模精神概述
    - 劳模精神的时代特点
    - 劳模精神的科学内涵
  - 弘扬新时代劳模精神
    - 弘扬新时代劳模精神的时代背景
    - 弘扬新时代劳模精神的时代价值
    - 弘扬新时代劳模精神的基本途径

关键词 劳模、时代、弘扬

案例导入

爱岗敬业、争创一流，艰苦奋斗、勇于创新，淡泊名利、甘于奉献，这 24 个字，诠释了劳模精神的丰富内涵。（请扫码观看视频）

观看视频后请思考：什么是劳模精神？应该怎样弘扬劳模精神？

扫二维码

资源 2-2：弘扬劳模精神、做新时代的奋进者

一、劳模精神的时代内涵

（一）劳模精神概述

劳动模范这一光荣的称号，从含义上来说有广义和狭义之分。广义上的劳动模范是指通过辛勤劳动推动人类社会不断向前发展的劳动者。狭义上的劳动模范是指在革命、建设和改革的各个历史发展时期，中国共产党选出的为推动社会主义生产实践做出巨大贡献的时代标兵和先进分子。他们被授予“劳动模范”的光荣称号，带动和引领广大劳动者努力奋斗，为社会主义建设创造更多的精神财富和物质财富。他们是新时代中国特色社会主义建设中必不可少的一部分。

劳动模范之所以光荣而伟大，不仅在于他们是社会主义建设中的时代新星，为促进我国经济发展、民族复兴做出了巨大贡献，而且在于他们的思想行为和优秀品质中体现出的伟大的奉献精神，即劳模精神。这种精神是劳动模范价值观、人生观和世界观的精神升华，是体现在劳动模范的精神风貌和社会生活当中的价值追求。

劳模精神是形成于中国共产党带领人民进行革命、建设和改革的历史时期的，以劳动模范这个群体的先进行为、高尚情操和优秀品质为基本内容，在中国特色社会主义进入新时代和建设社会主义现代化强国的历史实践中丰富和发展的先进思想和精神，其核心和实质是强烈的责任感和主人翁意识，并在平凡的岗位上发光发热、拼搏向上的精神。劳模精神是一种历经时代洗礼而毫不变质的极为珍贵的精神财富，是对中国工人阶级优秀品质的彰显和诠释，是对五千年中华民族精神的传承和发扬，是对社会主义核心价值观的生动体现，它代表着新时代我国社会主义精神文明的时代风貌。

（二）劳模精神的时代特点

习近平在全国劳动模范和先进工作者表彰大会上指出，“劳动模范是民族的精英、人民的楷模，是共和国的功臣”。劳模精神是以爱国主义为核心的民族精神和以改革创新为核心的时代精神的生动体现，是鼓舞全党全国各族人民风雨无阻、勇敢前进的强大精神动力。总结起来，劳模精神主要有以下几个特点。

1. 时代性

在特定的社会环境下产生的劳模精神不可能脱离时代的背景，都具有鲜明的时代特色。一方面，劳模精神不是肆意捏造的，它反映的是时代价值，体现的是时代要求。可以说，劳模精神是时代精神的体现，是时代前进发展的旗帜，是推动建设社会主义现代化强国的重要精神支撑。另一方面，随着人们工作实践、劳动活动的拓展和深化，劳模精神在不同的背景下被赋予了不同的时代内涵，但是劳动的艰苦创业、拼搏奉献和主人翁责任感的核心内涵是不会随着时代发展而变化的，是需要我们不断继承和发扬的。

2. 民族性

劳模精神体现了中华民族的优良传统与民族特色，具有鲜明的民族性。一方面，劳模精神吸收了中华民族优秀传统文化当中崇尚劳动的传统美德和吃苦耐劳、勤劳勇敢、热爱劳动的精神品质，体现了鲜明的民族特质和文化传统。评选劳动模范的标准随着时代的变化而变化，但是热爱劳动始终是劳模评选的不变原则，劳动模范们所展现出来的必须是中华民族艰苦奋斗的美好品格和甘为孺子牛的奉献精神。另一方面，劳动精神是对中华民族精神的继承与发扬，其中的创新创造精神、爱国主义精神、自强不息的奋斗精神和民族自豪感等都集中体现在劳动模范身上，反过来发展和丰富了民族精神，为民族精神的传承发展培植了丰厚的精神土壤。由此看来，劳动精神的产生与发展都离不开中华民族的优秀品质，劳动精神深植于中华民族的各种精神之中，与整个民族精神相契合，是中华民族又一优秀传统精神。

3. 教育性

劳模精神的教育性体现在它是被人们所广泛学习和推崇的一种时代精神，能够引领和教育人民热爱劳动、奋发向上。劳动模范在普通的岗位上发光发热、为人民事业奋斗，绽放出耀眼的光芒和不朽的力量，值得每一个普通人去学习和借鉴，他们的劳动价值观与国家利益、社会价值不谋而合。劳动模范本身只是一个个的普通人，但是凝聚在他们身上的力量是伟大的，何时何地它都具有伟大的教育价值。党的历任领导人都非常重视劳模精神的传承与发扬，要求全社会向先进模范学习，向人民榜样看齐，继承和弘扬好中华民族的优秀传统文化，让劳模精神走下高阁、走向生活，营造全社会爱劳动的浓厚氛围，形成人人争做劳模的社会风气。

（三）劳模精神的科学内涵

劳模精神是时代精神的集中体现，它不会随着历史的发展而消亡，反而会在时代的跌宕中不断发展和丰富。习近平指出，必须要大力弘扬劳模精神，大力发挥劳模作用，并把劳模精神概括为三个方面二十四个字，即爱岗敬业、争创一流，艰苦奋斗、勇于创新，淡泊名利、甘于奉献。这三方面不可分割、相互联系，共同构成劳模精神的丰富内涵。

1. 爱岗敬业、争创一流

爱岗敬业、争创一流是劳模精神的本质要求，也是评选劳动模范的基本标准，更是公民在工作中应当遵循的基本职业道德和行为标准。它反映的是工作人员对待所从事职业的基本态度，体现的是从业人员热爱工作岗位，敬重自己的职业，尽职尽责、勤奋努力的道德操守。爱岗敬业、争创一流可以分为两个方面：一是要立足本职、热爱工作岗位。业精于勤荒于嬉，行成于思毁于随。敬业是踏踏实实做事的工作态度，是勤勤恳恳的无悔付出。二是要精益求精，争做行业领头羊。工作上必须要有细致入微的态度，有奋发向上、争当第一的工作心态。爱岗敬业、争创一流表达的是基本的职业道德要求，要做到干一行、爱一行，在此基础上达到专一行、精一行，勤勤恳恳、尽忠职守、精益求精，用自己的工作体现出公民基本的职业操守。

2. 艰苦奋斗、勇于创新

艰苦奋斗是中华民族的优良传统之一，是中国人民的美好品德，更是劳动模范所必有的优秀品质。从思想上来说，艰苦奋斗包括两个方面，一是艰苦，二是奋斗。艰苦是指客观环境上的困难，奋斗是指积极进取，艰苦奋斗指用积极进取的行动战胜艰苦的客观环境。艰苦奋斗的精神与时代同轨，任何时候都不能丧失进取心和战胜困难的决心。艰苦奋斗精神在任何时候都是推动社会进步、国家富强的力量支撑。创新是一个民族发展进步的力量源泉，是民族精神的深刻沉淀。创新推动民族复兴和国家进步，促进经济社会可持续发展，引领中华民族一步步屹立于世界之林。从食不果腹、衣不蔽体到如今的民富国强，再到载人航天、月球探测（见图 2-1），创新引领着生活的改变，不断推动“中国制造”向“中国智造”的转变。

图 2-1　中国探月工程“嫦娥三号”探测器在月球上着陆

3. 淡泊名利、甘于奉献

淡泊名利就是不为利益所绊，不忘俯首甘为孺子牛的初心。甘于奉献就是在平凡的岗位上发光发热，为人民事业奋斗，这二者共同构成劳模精神的独特品格。“天下熙熙，皆为利来。天下攘攘，皆为利往。”自古至今，世人都有对名利的追求和向往，但是作为人民群众中的一员，劳模在努力奋斗创造出光辉成就的过程中、在从基层工作者到行业领头人的转换中、在从普通大众成长为世人尊重的先进模范中，始终坚持淡泊名利、大爱无疆、毫不利己专门利人的奉献精神，对党和国家奉献自己，默默无闻倾尽所有，始终不忘初心、牢记使命，坚持吃苦在前、享受在后的原则。

二、弘扬新时代劳模精神

（一）弘扬新时代劳模精神的时代背景

我国进入特色社会主义新时代，社会主要矛盾发生了巨大的变化，弘扬劳模精神迎来了新的时代背景，这些新特点新变化为我们在新时代弘扬和发展劳模精神指出了新的方向，提出了新的目标。

1. 我国社会主要矛盾发生变化

党的十九大报告指出，人民日益增长的美好生活需要和不平衡不充分的发展之间的矛盾成为当今我国社会的主要矛盾。这表明我国目前和未来发展的时代主题已经改变，中国共产党面临着新的时代任务。全力解决这一社会矛盾，实现人民大众对美好生活的愿景（见图 2-2），根本上要依靠诚实劳动、创造性劳动和辛勤劳动，这正契合劳模精神的基本要义。

图 2-2　人民对美好生活的向往

当今我国社会主要矛盾的主要方面是发展的不平衡不充分。解决这一问题并实现新作为，处理好发展不平衡不充分的问题，满足人民群众在生态、政治和文化等方面不断增长的需要，这就要我们发扬锲而不舍、艰苦奋斗的劳模精神。

2. 弘扬劳模精神成为时代需要

实现伟大的梦想需要弘扬伟大的中国精神，劳模精神是中国精神的重要组成部分，拓展了中国精神的内涵，在国家富强和民族振兴的道路上持续发挥着重要作用。劳模精神孕育在我国优秀的传统文化之中，吸收了我国杰出的革命精神，仍旧保持着我国古代和革命时期先进思想。

当下，我们正走在建成社会主义现代化强国目标的道路上，劳模精神作为中华民族顽强拼搏、艰苦奋斗的精神动力，是实现中华民族伟大复兴进程中的关键因素。劳模精神不仅是人民的需要，而且是时代的需要。劳模精神体现的是中华民族自强不息的精神风貌，它是我国不断发展的推进器和凝结剂。

（二）弘扬新时代劳模精神的时代价值

劳模精神是基于劳动者对自己所从事工作的热爱与敬重，渗透在他们的职业道德与工作态度中的优良品质。自 20 世纪初，劳动模范数量不断增多，劳模精神的时代价值日趋上升，成为推动国家发展、民族复兴的重要力量。中国特色社会主义已经进入新时代，在这样的时代背景下弘扬劳模精神具有更加重大的意义。劳模精神不仅能为实现中华民族伟大复兴提供强大的精神力量，而且能为提振伟大的民族精神提供宝贵的精神资源。

1. 弘扬劳模精神有助于增强自豪感、自尊心和自信心

中华民族的自豪感、自尊心和自信心是中华儿女在改造社会、征服自然、促进文明发展和维护国家统一完整的历程中形成的，是能促进中华民族上下一心、形成强烈的爱国主义情感的精神力量。劳模精神所提倡的以家国天下为先、以人民利益为重、勇于承担历史使命的责任感和主人翁意识，正是中华民族自豪感、自尊心和自信心的集中体现。当下，我国正处在建设社会主义现代化强国、实现中华民族伟大复兴的新征程中，我们更要弘扬劳模精神、弘扬顽强拼搏、奋发向上、艰苦奋斗的爱国精神，增强民族自豪感、自尊心和自信心。

2. 弘扬劳模精神有助于在全社会弘扬“以人为本”的人文精神

人文精神表现在关注人的价值、尊严与命运，寻求自我发展和完善人生理想等方面，是一种人类关怀自我的精神。劳模精神积极发挥人民群众的主体性，尊重人民群众的主体地位，把人民群众的利益放在第一位，关注人民群众的价值，促进人的自由而全面的发展。这种以人为本、实现人的全面发展的理念，就是一种精神向心力和文化凝聚力（见图 2-3）。继承与弘扬劳模精神，关注人民群众的自身发展，把握住文化软实力中的核心要素，为增强我国文化软实力注入一剂强心剂。

图 2-3 文化建设

3. 弘扬劳模精神是激励中国共产党人的精神动力

劳模精神形成于中国共产党带领广大劳动人民寻求民族独立和国家复兴的历史进程中，与中国共产党人的其他革命精神同根同源，是激励中国共产党人勇往直前的精神动力。中国梦的实现必须要有中国精神的支撑，中国共产党人能带领广大劳动群众克服千难万险，为革命事业前仆后继，为民族复兴劈波斩浪，就是因为中国共产党继承和发扬了中华民族五千年来所形成的中国精神。劳模精神作为中国精神不可或缺的一部分，在激励共产党人复兴家国，重振民族雄风的道路上发挥出无与伦比的力量。

（三）弘扬新时代劳模精神的基本途径

劳模精神在革命年代有着激励人民群众为革命事业而奋斗的巨大作用，在社会主义建设时期同样发挥着鼓舞人民开拓创新、奋发向上的功效。新的历史时期，面对新形势新情况，如何将劳模精神融入人民生活，引导人民继续前进，是摆在时代面前的新课题，需要从教育引导、模范引领、媒体宣传等多方面入手。

1. 深化教育改革，创设系统化劳模精神教育体系

随着时代变迁，劳模精神也在不断地更新和发展，当今社会更加注重对创新能力和创新精神的追求，弘扬劳模精神的第一要务就是学习和深挖劳模精神的时代内涵。

2. 聚焦模范典型，发挥榜样的带头作用

以铜为鉴，可正衣冠；以古为鉴，可知兴替；以人为鉴，可明得失。以榜样为鉴，可以知晓自身不足。劳动模范是人民的榜样和时代的标兵，他们身上体现和传承着先进的劳模精神，发挥劳动模范的带头作用是弘扬劳模精神最有力、最直接的方法。中国共产党是实现国家富强、民族复兴的中流砥柱，在弘扬劳模精神、营造良好社会氛围、坚定理想信念、保持先进纯洁等方面起着先锋模范作用。弘扬劳模精神，要求党员发挥带头作用，争做传承劳模精神的标兵与楷模，带动人民自发向劳动模范学习，自觉传承和弘扬劳模精神，形成尊重劳动、热爱劳动的良好社会风气。

3. 加强媒体宣传，营造弘扬劳模精神的良好社会氛围

劳模精神的发展和弘扬需要得到整个社会的认可，进行媒体宣传是弘扬劳模精神的重要途径（见图 2-4）。媒体宣传能够让人民群众更加了解劳模精神这一思想的主旨与内涵。我们要充分利用媒体宣传的自身优势加强对劳模精神的宣传，立足劳模精神的本质，把握正确的工作导向；不忘宣传劳模精神的初心，坚持正确的宣传方向；实现新旧媒体的完美对接，运用丰富的宣传形式，营造出弘扬劳模精神的良好社会氛围。

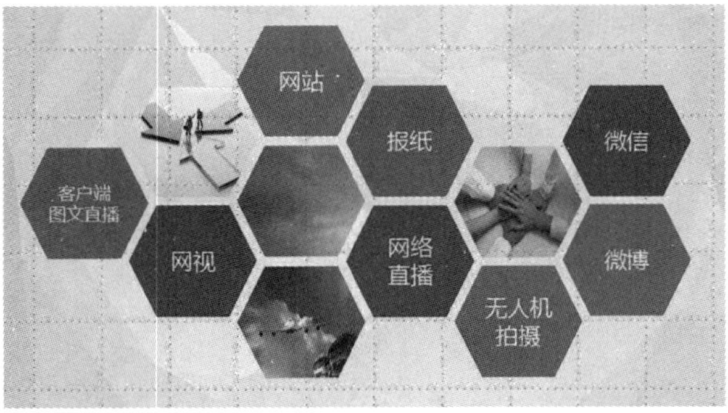

图 2-4　媒体宣传

劳动人物

袁隆平："杂交水稻之父"

袁隆平，一个来自中国，会被世界铭记的名字，他发起的"第二次绿色革命"，为整个人类社会做出了重大贡献。

袁隆平从 20 世纪 60 年代开始从事杂交水稻研究工作，他通过多年的刻苦努力，成功培育出了"三系杂交水稻"。1979 年，杂交水稻作为我国第一个农业技术专利转让给美国。以后，他又研制出一批比现有三系杂交水稻增产 5%~10% 的两系杂交组合水稻。如今，我国大江南北的农田普遍种上了袁隆平研制的杂交水稻。杂交水稻的大面积推广应用，为我国粮食增产发挥了重要作用。

袁隆平研制的杂交水稻引起了世界的关注，许多国家的专家到中国来取经，印度、越南等 20 多个国家和地区还引种了杂交水稻。袁隆平的努力，也为解决世界粮食短缺问题做出了贡献。为此，我国政府授予袁隆平"全国先进科技工作者""全国劳动模范"和"全国先进工作者"等光荣称号。联合国世界知识产权组织授予他金质奖章和"杰出的发明家"荣誉称号。

知识链接

劳模精神、劳动精神的关系

劳动精神和劳模精神的关系是整体和部分的关系。从主体上看，劳模精神的主体是劳模群体，劳动精神的主体是所有劳动者，而劳模群体是广大劳动者群体中的佼佼者和杰出代表，也是广大劳动者学习的榜样和楷模。劳模的本意是劳动者的模范。劳模群体是劳动者群体中的一部分。从这个意义上讲，劳模精神也是劳动精神的一部分。劳动精神是做一名合格的劳动者应该有的精神，劳模精神则是成为劳模必须有的精神。做劳动者不合格，做劳模更不可能。没有劳动精神，很难有劳模精神，所以，劳动精神应该成为所有劳动者都必须拥有的精神。劳模精神也是所有劳动者都应该学习的精神。二者是方向和基础的关系，劳模精神是方向，劳动精神是基础。

主题三 工匠精神

劳模精神、劳动精神、工匠精神是以爱国主义为核心的民族精神和以改革创新为核心的时代精神的生动体现，是鼓舞全党全国各族人民风雨无阻、勇敢前进的强大精神动力。

——习近平，《在全国劳动模范和先进工作者表彰大会上的讲话》，《人民日报》，2020年11月25日

知识图谱

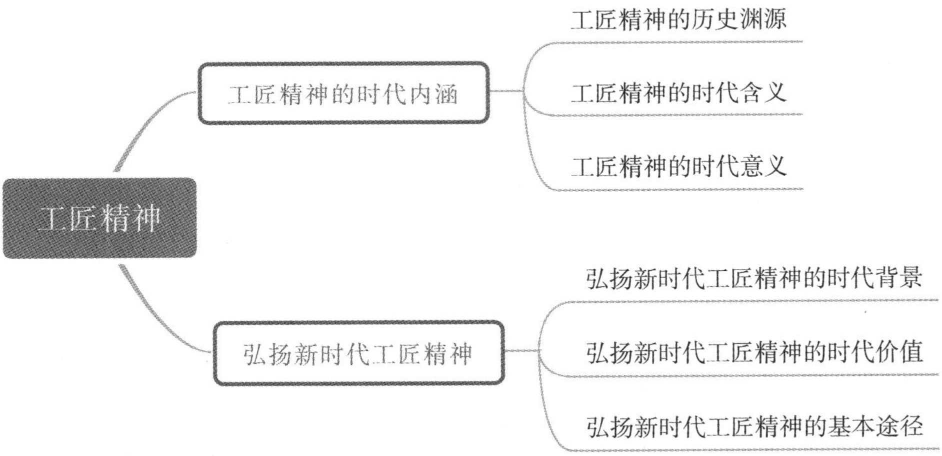

关键词 工匠、时代、弘扬

扫二维码

资源 2-3：大国工匠

案例导入

首届“大国工匠年度人物”发布活动于2018年成功举办，推选出高凤林等10个人为大国工匠。请扫码查看大国工匠的故事。

想一想：大国工匠有哪些共同的特质？

一、工匠精神的时代内涵

（一）工匠精神的历史渊源

中国是一个手工艺大国，工匠精神光耀千古，它是中华民族灿烂文明的重要组成部分，具有独特的文化内涵。我国古代有“士农工商”四民之谓，其中的“工”就是指工匠，即有手艺专长的人。工匠精神指的是工匠艺人在日常工作中勤勤恳恳、在职业素养方面追求完美的一种精神追求。

相传舜早年在河滨制陶时，追求精工细作，并以此带动周围人制作陶器并杜绝粗制滥造。

《诗经·卫风·淇奥》（见图 2-5）早就用“如切如磋，如琢如磨”的佳句来表彰工匠在对骨器、玉石进行加工时所表现出来的认真制作、精益求精的精神。这不仅是工匠精神的具体体现，而且彰显了我国古代工匠艺人的价值追求。

图 2-5 《诗经》

我国自古就有弘扬工匠精神和尊重传统匠人的优良传统，一些工艺水平在世界长期处于一流水准。四大发明以及家具、瓷器、丝绸等精美制品和许多恢宏壮观的工程建筑，都离不开劳动者追求完美的工匠精神。祖先的智慧结晶，是我国工匠技艺具有悠久历史的实物见证。

从古至今，我国涌现了许多良工巧匠，如墨子（见图 2-6）、鲁班、马钧、张衡等。他们以超凡卓绝的智慧，精美绝伦的技艺，丰富无穷的创造力给中国传统生活增添了奇妙的色彩，丰富了优秀的中华传统文化。在古代匠人的身上，闪烁着“创新、至诚、至善”的智慧光芒，孕育发展了中华手工艺文化及匠人文化，演绎着为人津津乐道的工匠式传奇，铸就了中国昔日手工业的辉煌。

图 2-6 墨子

（二）工匠精神的时代含义

中华人民共和国成立后，党和政府高度重视传统工艺的继承和发扬，强调传统匠人精神的现代价值。从东方红一号的腾飞，到杂交水稻的培育推广，再到神舟飞船的顺利飞天，无不凝结着新一代制造人的工匠精神。

“大国工匠年度人物”评选活动的开展，正是对我国当代工业制造智慧的最好彰显：高凤林突破精度极限，破解困扰中国航天事业发展 20 载的难题，让中国繁星闪耀在苍穹之上；李万君一把焊枪，为复兴号塑骨为中国梦提速；朱恒银以“银针”探宝，满腔热血，化开千米厚土；谭文波以无声的温柔唤醒在黑暗中沉睡的宝藏。当代大国工匠以技术报国，正是这种无私奉献、顽强拼搏的工匠精神引领着中国制造业再创辉煌。

扫二维码

资源 2-4：工匠精神与劳动精神、劳模精神的关系

新时代的中国工匠精神（见图 2-7），除了具有工匠精神的内涵外，还具有自身的特殊性：既是对中国传统工匠精神的继承和发扬，又是对外国工匠精神的学习与借鉴；既是为适应我国现代化强国建设需要而产生，又是劳动精神在新时代的一种新的实现形式。新时代的中国工匠精神与劳动精神、劳模精神构成一个完备的体系，成为激励广大劳动群众实现中华民族伟大复兴、建设社会主义现代化强国的伟大精神力量。新时代的中国工匠精神具有以下几个特征。

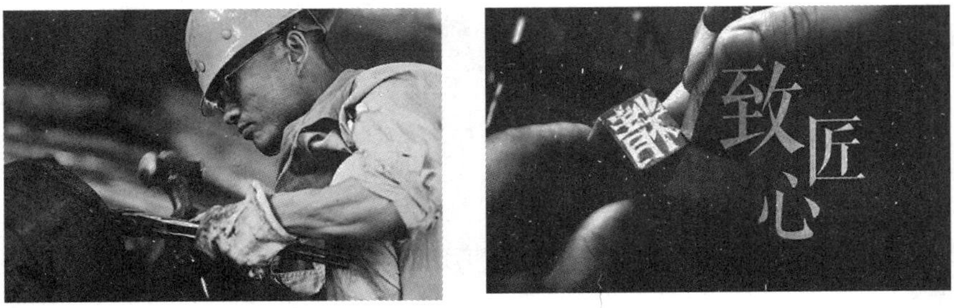

图 2-7　新时代中国工匠精神

1. 爱岗敬业的职业精神

爱岗与敬业二者相辅相成，爱岗就是热爱自己的工作，热爱自己的岗位。敬业就是要用一种严谨认真的态度对待自己的工作。爱岗是敬业的基本条件，而敬业是对爱岗的升华。爱岗敬业是新时代中国工匠最为普遍的奉献精神，它看似朴实，实则伟大。

2. 精益求精的品质精神

精益求精，是从业者对每道工序、每件产品都凝心聚神、追求完美的职业品质。所谓追求完美，是指已经做得很好了，还要求做得更好。

追求完美的品质精神是新时代中国工匠精神的本质，正如老子所说，“天下大事，必作于细”。

3. 合作共进的团队精神

合作共进的团队精神是新时代中国工匠精神的深刻内涵。所谓合作，就是团队成员的分工协作；所谓共进，就是团队成员之间的相互扶持努力、共同努力。

4. 追求卓越的创新精神

传统的工匠精神强调的是继承，父子相承、师徒相继是传统工匠传承下来的主要方式，而新时代的工匠精神强调的是在继承基础上的创新。因为只有在继承基础上的创新，才能跟上时代前进的步伐，推动产业结构的升级转型，以满足社会发展、国家进步和人们日益增长的对美好生活的需要。

（三）工匠精神的时代意义

李克强在做政府工作报告时说，鼓励企业开展柔性化生产、个性化定制，培育追求完美、奋发向上的工匠精神，提品质、增品种、创品牌。工匠精神出现在政府工作报告中，让人耳目一新。

从国家层面来说，工匠精神的提出彰显了对中国产业制造升级转型的高度重视，也显示了当今社会对工匠精神的迫切期待。随着现代化程度的不断加深和社会生活水平的稳步提升，人们对传统文化的回归有了越来越多地期盼。在这样的社会氛围下，传统工匠的职业生活及其精神传承将具有更大的发展空间。

党的十九大报告明确提出，弘扬劳模精神和工匠精神对推动我国经济转型发展，实现人民对美好生活的期盼，增强世界竞争力，提升工业水平至关重要。工业发展离不开科学技术的进步，也离不开广大劳动群众的辛苦耕耘，工匠精神是实现中国梦的重要精神源泉。在新时代，继承和发扬工匠精神，铸就中国传统匠人技艺的辉煌对实现中国梦、振兴中华民族的根基具有重大的现实意义和历史意义。

1. 提倡工匠精神是我国制造业升级转型的关键

中国面临着产业结构升级和经济发展方式转型的重大任务，而要完成这一任务，实现由中国制造到中国智造的转变，实现由中国制造到中国创造的飞跃，离不开广大劳动群众的创造和创新，离不开对工匠精神的发扬和继承。

2. 提倡工匠精神是推动中国制造走向世界的需要

要在国际上占有一席之地，关键在于提高中国制造的产品质量。只有充分发扬创新精神，培养大批精益求精的工匠，才能打造高质量的产品，提高制造业的核心竞争力。

3. 提倡工匠精神是满足柔性化生产和个性化定制的需要

李克强在政府工作报告中提到，鼓励中国制造业的创新和发展，培育精益求精的工匠精神，继承和发扬中国传统工匠精神。工匠精神是进行柔性化生产和个性化定制的思想前提，这说明随着信息化时代的到来，重提工匠精神具有历史必然性。

二、弘扬新时代工匠精神

（一）弘扬新时代工匠精神的时代背景

习近平在党的十九大报告中提出，在中国特色社会主义伟大事业进入新时代后，弘扬工匠精神成为一种时代需要，是党和国家根据发展需要和现实状况做出的重要决断。这个新时代是承前启后、继往开来、在新的历史条件下继续夺取新时代中国特色社会主义伟大胜利的时代，是全国各族人民团结奋斗、不断创造美好生活、逐步实现全体人民共同富裕的时代。

空谈误国、实干兴邦，国家意志只有落实到广大群众的个体实践中才具有现实意义。新时代任何宏伟目标、宏伟构想的实现都离不开全国各族人民脚踏实地坚守在工作岗位上的辛勤劳动和价值创造。工匠精神中所包含的团队精神、创新精神和劳动精神将成为建设富强民主文明和谐美丽的社会主义现代化强国的思想阵地；成为我国经济长期稳定增长的动力源泉；成为鼓舞全体中华儿女勠力同心、奋发向上实现中华民族伟大复兴的精神力量；成为推动我国逐步实现社会主义现代化强国目标的有力支撑。

忽视一线劳动者的劳动地位的提升和精神风貌的建设，缺乏对技术人才素质教育的长期规划和投入等是当前社会普遍存在的现象。在某些行业中，这种状况甚至给工作的正常运行带来了诸多不良影响。例如，交通运输业本身有着极其详尽、严格的工作制度，但工匠精神的“发育不良”导致制度执行的“最后一步”没有落到实处，除了航班延误、交通堵塞外，甚至出现过火车脱轨、飞机失联等重大安全事故，造成了巨大的经济损失及人员伤亡。此外，金钱至上、因循守旧等观念都会影响工匠精神的进一步发展。

新时代背景下，弘扬工匠精神就要在培养和发扬工匠精神方面精雕细琢，尤其要在精神层面有所超越，发挥团队协作精神，实现工匠精神与国家建构的有机结合，使工匠精神融入国家和社会之中，让工匠精神发挥出时代意义，为国家和人民做出巨大贡献，从而彰显出具有中国特色的工匠精神（见图 2-8）。

图 2-8　具有中国特色的工匠精神

（二）弘扬新时代工匠精神的时代价值

弘扬新时代工匠精神是对中华民族优秀传统文化的继承与发展。在中国共产党的带领下，中华民族摆脱了积贫积弱的历史困境，实现了从站起来到富起来再到强起来的伟大历史跨越。中华民族的伟大复兴不仅要求经济发展、军事崛起，而且更要求文化繁荣、民族自信，这份民族自信根植于中华大地，根植于五千年中华民族优秀的传统文化之中。工匠精神是我国传统文化中宝贵的精神财富之一，历经时代洗礼而不改本色，吸收时代精神而不忘初心。培养民族自豪感，树立人民信仰，完成现代化社会主义强国建设都必须要以弘扬工匠精神为契机。

弘扬新时代工匠精神是实现由中国制造到中国智造跨越的必要条件。长期以来，在低成本赶超型战略驱动下，部分企业片面强调生产规模而忽视产品质量，众多劳动密集型企业不重视基层劳动者素质的提高，制约了工匠精神的成长与发展。当前，我国经济面临着产业结构升级和发展方式转型的任务，而要完成这一任务，实现由制造大国到制造强国的转变，实现由中国制造到中国智造的跨越，离不开广大基层劳动人员的创新和创造，离不开对工匠精神的进一步探索和发扬。

弘扬新时代工匠精神是增强文化自信不可或缺的一部分。党的十九大报告指出，文化自信是一个民族、一个国家发展中更深沉、更持久、更基本的力量。没有文化的蓬勃发展，没有高度的文化自信，就没有中华民族的繁荣富强。工人阶级作为社会群体中的大多数，在文化建设中发挥着独一无二的作用。工人阶级的自豪感是培育当代中国文化自信的基础，没有广大基层员工的文化自信，建设文化自信将无从谈起。弘扬工匠精神在树立文化自信、增强民族自豪感中扮演着不可替代的角色，发挥着至关重要的作用。

弘扬新时代工匠精神是中国梦的内在价值需求。实现中华民族伟大复兴的中国梦离不开广大基层劳动者在各自岗位上的辛苦付出，弘扬新时代工匠精神是实现中国梦的深刻内涵，更是实现中国梦的动力支撑。在全社会大力弘扬精益求精、追求卓越、爱岗敬业、锐意进取的工匠精神，能够激发出深植在中华儿女血液中的奋进意识和爱国精神，使得民族振兴、国家富强的时代主题与个人成长有机地结合起来，高效调动广大劳动者的工作积极性，使中国梦与广大劳动群众为幸福生活而努力奋斗的个人梦想融为一体。

（三）弘扬新时代工匠精神的基本途径

1. 抓住关键点，把握工匠精神时代核心

当前，我国正处于产业结构升级和发展方式转型的关键时刻，发扬创新精神这一新时代工匠精神的核心内涵，将是我国赶上时代潮流，先于世界的关键一步。在继承和弘扬工匠精神的同时，还必须加强对创新精神的培育，使得工匠精神在时代背景下通过创新精神的发展丰富自己的时代新义。因此，国家需要根据时代要求制定、出台创新发展战略，高度重视产品创新，延长企业生产链，赋予产品更高的附加值，完成产业结构升级和发展方式转型，实现中国制造到中国创造的飞跃。

同时，还必须认识到新时代工匠精神的另一源泉——开拓者精神，并认识到开拓者精神是完善社会基础建设，把我国建设成为“智造强国”的关键。所以，要不断光大和发扬奋发向上、敢拼敢闯的开拓精神，培养出一批拥有创新意识、锐意进取，拥有国际视野的时代建设者，为实现社会主义现代化强国注入新的力量，推动我国制造业朝着世界水准的方向发展。中华民族的伟大复兴已经进入攻坚期，在此关键时刻，我们必须发扬这种开拓创新精神，营造出积极进取、拼搏向上的社会氛围，让每个人都成为新时代中国特色社会主义合格的参与者和建设者。

2. 积极探索工匠精神的培育路径

我国需根据时代发展潮流及实际情况来制定相应的发展方向。要不断更新人才培养理念，深入了解和学习借鉴先进的人才培养方案，将人才培养工作落到实处。同时，还要把工匠精神纳入日常教育实践之中，让他们体会到工匠精神的主旨所在，并在以后的实践和学习中将这种精神发扬光大。

人才培养不仅需要有序的职业教育，还离不开和谐的社会环境。国家、社会以及企业都必须重视对社会环境的改善，创造出良好的社会以及企业环境和氛围。国家要采取相关政策和措施来促进人才的培养，不断优化政策制度，为提高基层工匠们的成长平台、社会地位及工资待遇等提供全方位保障。尤其要关注某些特殊岗位，如清洁工、社区基层人员的生存与发展，要保障其基本权益，让他们感受到社会的关怀，从而提高他们的个人获得感以及社会认同感。要提高匠人精神的社会认知度，形成以劳动为荣的社会氛围。在这种社会环境下，通过潜移默化的影响，实现工匠精神大众化，让工匠精神得到发展和弘扬，最终走出国门、走向国际。

3. 实现工匠精神的末端落实

弘扬和培育工匠精神的核心是为了让社会大众认识到工匠精神对我国社会经济、文化发展的重要作用。通过不断的传播和弘扬，大力倡导精益求精、锐意进取、追求卓越的工匠精神，营造出拼搏向上的社会氛围；通过共同奋斗，为实现中华民族的伟大复兴注入新的力量。在日常生活和工作中，要将工匠精神融入进去，使工匠精神与人们的工作、生活息息相关，让爱岗敬业成为工作常态。大力宣传和弘扬工匠精神，将这种精神深植于社会各个岗位，使工匠精神成为个人工作与社会发展的准则和要求，改变人们的传统看法和观念，推动社会对工匠精神的重新认知。

在弘扬和培育新时代工匠精神的过程中，一切皆要从实际出发。工匠精神要求爱岗敬业，不可脱离工作岗位谈工匠精神。个人需要通过不断的学习和实践，培养和锻炼自己，从而加强自身技能、观念以及价值的培养，努力把自己转变为一名技能型、创新型、知识型的劳动者。尽职尽责、坚守岗位，争取把每一项工作都做好，将新时代工匠精神落实到每一步工作中，并成为一名合格的社会主义现代化强国的建设者。

劳动人物

高凤林：为火箭焊接“心脏”的人

焊接技术变化无穷，火箭发动机需要的焊接技术更不是普通人能够具有的，高凤林（见图 2-9）就是一个为火箭焊接“心脏”的人。高凤林，中国航天科技集团公司第一研究院国营二一一厂特种熔融焊接工、发动机零部件焊接车间班组长，特级技师。

图 2-9　高凤林

30 多年来，高凤林参加了北斗导航、嫦娥探月、载人航天等国家重点工程以及长征五号新一代运载火箭的研制工作，他不断攻克世界级的发动机喷管焊接技术难题，并出色完成亚洲最大的全箭振动试验塔的焊接攻关、修复苏制图 154、飞机发动机，还被丁肇中教授亲点，成功解决反物质探测器项目难题。高凤林先后荣获国家科技进步二等奖、全军科技进步二等奖等 20 多个奖项。台上一分钟，台下十年功，功夫不是凭空出现，而需要日积月累的锻炼出来。

高凤林吃饭时拿筷子练可送焊丝动作，喝水时端着盛满水的缸子练稳定性，休息时举着铁块练耐力，冒着高温观察铁水的流动规律；为了保障一次大型科学实验，他的双手至今还留有被严重烫伤的疤痕；为了攻克国家某重点攻关项目，近半年的时间，他天天趴在冰冷的产品上，关节麻木了、青紫了，他甚至被戏称为“和产品结婚的人”。高凤林以出类拔萃的技艺和工匠特有的良好品德、人格魅力，成为新时代高技能工人的时代坐标。

知识链接

让工匠精神深入人心

12 月 10 日，习近平总书记致信祝贺首届全国职业技能大赛举办，强调“大力弘扬劳模精神、劳动精神、工匠精神”“培养更多高技能人才和大国工匠”。在长期实践中，我们培育形成了“执着专注、精益求精、一丝不苟、追求卓越的工匠精神”。迈向新征程，扬帆再出发，急需一大批具有工匠精神的劳动者，亟待让工匠精神在全社会更加深入人心。

不论是传统制造业还是新兴制造业，不论是工业经济还是数字经济，工匠始终是中国制造业的重要力量，工匠精神始终是创新创业的重要精神源泉。中国制造、中国创造需要培养更多高技能人才和大国工匠，需要激励更多劳动者特别是青年人走技能成才、技能报国之路，更需要大力弘扬工匠精神，造就一支有理想守信念、懂技术会创新、敢担当讲奉献的庞大产业工人队伍，为经济社会发展注入充沛动力。

让工匠精神深入人心，就要创造更多“工匠故事”。做好电线电缆“守门员”的叶金龙，与马达结缘一辈子的吴玉泉，以精湛技能完美诠释“钳工”意义的赵水林……一批批国家级技能大师，坚守产业报国的初心，在平凡的岗位上成就了不平凡的业绩。深入贯彻尊重劳动、尊重知识、尊重人才、尊重创造方针，完善工匠政策，提升工匠地位，落实工匠待遇，才能为广大技能人才提供更广阔的舞台，推动更多工匠竞相涌现。

让工匠精神深入人心，还要进一步讲好“工匠故事”。工匠精神是在生产实践中凝聚而成的可贵品质，充分展现着劳动之美、精神之美、时代之美。讲好“工匠故事”，能让人们从大国工匠身上感受到劳动的光荣、精神的魅力。开展以弘扬工匠精神为主题的宣传教育，把崇尚工匠精神纳入人才培养全过程，贯通大中小学各学段和家庭、学校、社会各方面，才能让一个个“工匠故事”激励青少年乃至更多人追求卓越。

自 2019 年起，杭州将每年的 9 月 26 日设为“工匠日”，成为全国第一个为工匠设立专属节日的城市。设立“工匠日”，是为了激励工匠们创新创造，也是为了培厚工匠精神的土壤。无论是开展“杭州工匠”评选与表彰、打造劳模工匠文化公园与工匠元素特色街区，还是创立“杭工云课”等线上线下教学平台、建立健全“工匠带徒”制度，众多举措让工匠有荣誉感、成就感，让崇尚工匠精神成为一种新时尚。

时代发展需要大国工匠。站在实现“两个一百年”奋斗目标的历史交汇点上，全社会都要大力弘扬工匠精神，让崇尚工匠精神的理念深入人心，让每一位劳动者在新时代书写出更多更精彩更动人的“工匠故事”。

（资料来源：翟春阳，《让工匠精神深入人心》，《人民日报》，2020 年 12 月 25 日）

第三部分
多彩的劳动实践

>> 学习目标

- ◆ 了解日常生活劳动、生产劳动及服务性劳动的总体概念及具体分类。
- ◆ 通过对日常生活劳动、生产劳动和服务性劳动的认识，能正确区分不同类别的劳动实践，在一定程度上掌握相应技能，不断提高实践能力。
- ◆ 在认识和了解不同劳动类型的基础上，将劳动与个人发展和工作生活相结合，增强劳动积极性，提高劳动实践的能力，锻炼行之有效、符合新时代劳动人才要求的劳动技能。

>> 知识图谱

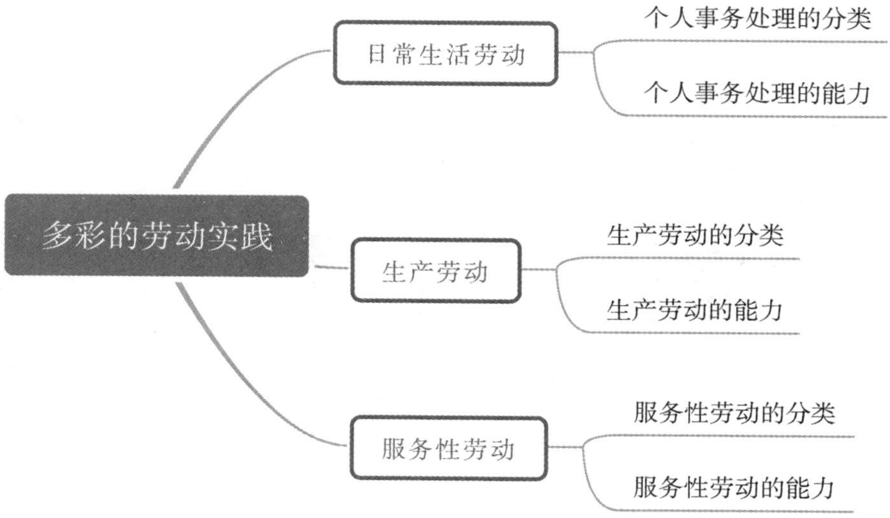

>> 思想火花

在日常生活中可以通过哪些方式来进行劳动实践呢？

主题一
日常生活劳动

光荣属于劳动者，幸福属于劳动者。

——习近平，《在全国劳动模范和先进工作者表彰大会上的讲话》，《人民日报》，2020 年 11 月 25 日

知识图谱

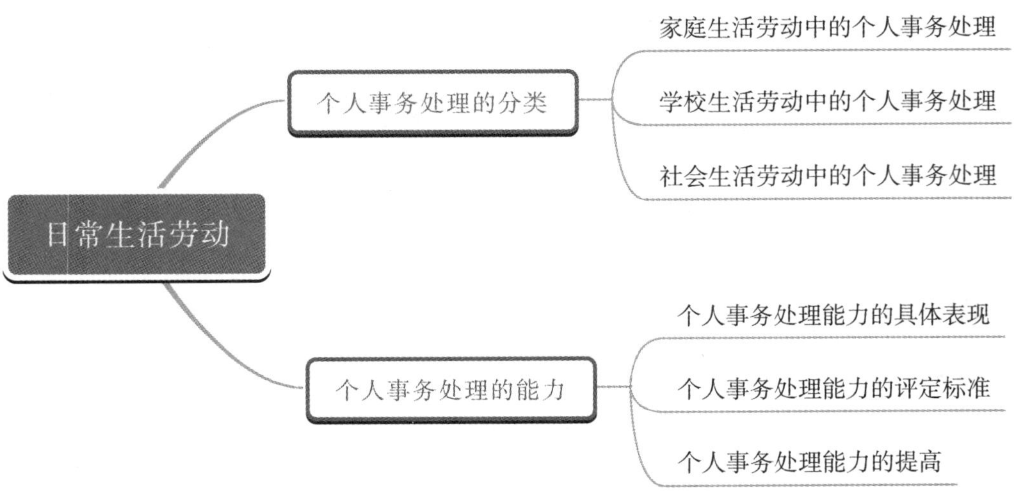

关键词 日常生活、个人事务、能力

案例导入

“到了上初中的年龄，还不会洗衣服，更不要说做饭了。”一位学生家长在接受记者采访时说。“一回到家就是学习，父母根本不让做家务，说学习成绩要紧，家务劳动全由父母包了，甚至包括整理书包。”一名初三学生也道出了自己的苦恼。提到家务劳动，孩子和父母各执一词。一些父母说，如今的孩子变懒了，不愿帮父母做家务；一些学生则抱怨，是父母不让自己做家务。结果便造成孩子很少做家务。

如果不让孩子做家务，使孩子养成过分依赖父母、独立性差、生活自理能力差、劳动观念淡薄等不良习惯，那会对他们的成长带来不利影响。专家认为，学校应在这方面多做一些工作，不妨把家务劳动列为学生的必修课程之一，对学生必做的家务劳动作出规定，努力做学生父母的说服教育工作，把开展家务劳动开发成一个培养学生良好劳动习惯的教育渠道，让孩子们都养成热爱劳动的良好习惯。

读完这段话请思考：你认为学习与做家务之间，冲突吗？

日常生活劳动，是指人们为了维持生存以及适应生存环境而每天必须反复进行的、最基本的活动，如吃、穿、住、用、行等与自己生活息息相关的活动。

一、个人事务处理的分类

为了更好地培养和践行劳动精神，提高劳动能力，从最基本的日常生活劳动入手，按照不同年龄、不同对象和场所，本主题将从家庭生活劳动、学校生活劳动和社会生活劳动的个人事务处理的角度来分析日常生活劳动。

（一）家庭生活劳动中的个人事务处理

图 3-1　家庭劳动氛围

在家庭生活劳动中，个人事务处理指的是作为家庭成员的一分子，在家庭日常生活中必须从事的一种劳动。家庭成员根据不同的任务分工，从个人角度来讲，主要是内务整理，如个人洗衣、叠被、物品摆放、个人居住环境的清洁卫生。这些都是自己必须要去完成的。在家庭日常生活中，除了完成个人的事务以外，还需要按照家庭成员的分工，承担相应的事务处理工作，如帮忙扫地、洗碗、洗衣、大扫除、采购生活日用品、照顾老人小孩、家庭环境打造等（见图 3-1）。

随着时代发展的变化，家庭成员间的劳动分工越来越清晰。对家庭成员尤其是年轻人来说，在家庭生活劳动中完成自己的任务是必须的要求。影响家庭生活劳动参与性与积极性的因素有很多，主要源于父母和家庭劳动氛围的影响，这两大因素将对个人的生活方式、自理能力以及组建家庭后的生活情况带来长期而深远的影响，这就是我们所说的原生家庭的影响。在家庭生活劳动中应该如何扮演好劳动者的角色，首先取决于父母从小的言传身教。父母的言行，单纯从劳动活动方面来讲，主要是父母在家庭生活劳动中的角色和职责履行。父母作为主要的家庭成员，应该摈弃男尊女卑、男主外女主内等偏见或错误思想。经过家庭协商之后，科学进行劳动分工，通过相互配合完成家庭生活劳动，形成积极的、和谐的家庭劳动氛围，避免因劳动事务引发家庭纷争和矛盾，影响家庭成员之间的团结（见图 3-2）。

图 3-2　家庭成员共同完成生活劳动

作为个人来讲，个人事务处理主要涉及与个人相关的事务和完成家庭成员的劳动分工，如个人洗衣、叠被、物品摆放和居住环境的清洁卫生方面。在个人事务的处理上，重要的就是干净、整洁、大方。“一屋不扫，何以扫天下？”讲的就是作为一个个体，要加强日常劳动事务的处理，在潜移默化和长期的生活中，养成良好的劳动习惯，塑造良好的形象，杜绝个人生活环境和个人形象的邋遢（见图 3-3，图 3-4）。

图 3-3　邋遢的生活环境

图 3-4　个人形象的邋遢

（二）学校生活劳动中的个人事务处理

学校生活劳动，是指在学校日常生活中或者集体生活中所要处理的与个人相关的劳动活动。对于走读的同学来说，他们要完成的是在学校公共生活区域、食堂、教室、实习中心或者基地等需要开展或者完成的个人劳动事务，如打扫公共生活区域的卫生、自己在公共场所的外在形象、在学校生活劳动中所承担的劳动任务等；对于住读的学生，在此基础上还需要高质量地完成寝室生活劳动，如个人衣物和用具等的摆放、被子的叠放、寝室清洁的打扫任务、照顾同学或者室友等。相比较家庭生活劳动而言，学校生活劳动少了家庭生活劳动的随意性，多了生活劳动的强制性和规范性。学生在学校的言行举止和生活劳动行为都要受到学校相关制度或者管理办法的约束。所以，学生及其家长需要提高科学认识，提高主动劳动的积极性，积极参与学校各项生活劳动，融入集体，养成爱劳动的良好习惯，纠正在家庭生活劳动中的懒散、随意等行为（见图 3-5）。

图 3-5　学校集体劳动

（三）社会生活劳动中的个人事务处理

社会生活劳动，是指在走进社会后，尤其是在职场环境中要处理的与自己相关的劳动活动。此时的劳动已经不再局限于注重个人习惯，而更多地体现在个人在职场环境、社会环境中如何妥善处理与同事、上下级之间关系的劳动活动；更多的是在劳动活动的开展过程中，如何履行自己作为公民的劳动义务，体现自己的利他价值或社会价值的劳动活动。对此，相比较家庭生活劳动和学校生活劳动，社会生活劳动在一定范围内除具有强制性外，还受到社会舆论等的影响。

个人所涉及的社会生活劳动大体分为办公室生活劳动和工作场所的生活劳动。在办公室生活劳动中，要注意以下几个方面：一是个人的清洁卫生。注重仪容仪表，不披头散发、不着装暴露，要常修边幅，身上不要有异味或者过于浓烈的香水味，着装风格要适合办公需要。二是个人办公桌上的清洁和内务整理。办公桌要整洁，材料、用具或者物品等不要乱丢乱放，茶具、水杯等要经常清洗，尽量不要有茶垢、水垢等，保持桌边的干净整洁（见图 3-6）。三是办公室整体的清洁卫生应该按照工作分工或者轮班的方式，做好清洁卫生，营造干净整洁的办公环境。严格遵守禁烟规定，不在办公场所吸烟。垃圾随身带走，办公室的垃圾及时清理。在工作场所的生活劳动，主要指的是要严格遵守工作场所的规定和任务分工，切实履职尽责，维护良好环境。四是要积极参加志愿者服务活动或者社区义务劳动，共同营造美好家园。

图 3-6　干净整洁的办公环境

劳动面面观

如何面对劳动教育缺失的家庭

劳动教育曾是我国培养德智体美劳全面发展人才的重要一环，现在却被社会严重忽视。在家庭中，很多孩子衣来伸手、饭来张口，自己的事情都不需要自己做。上学放学的路上，我们经常可以看到代替学生背着书包的爷爷奶奶、爸爸妈妈。学校里，常常可以看到代替学生完成学校值日打扫任务的家长。一些初、高中寄宿学校，常见寝室垃圾乱扔、脏衣服成堆的情况。大学生们把脏衣服打包快递回家的新闻也有报道。

热点讨论：

1. 面对劳动教育缺失的家庭，你怎么看？

2. 你认为可以从哪些方面解决这种困境？

图 3-7　大学生把脏衣服快递回家

二、个人事务处理的能力

（一）个人事务处理能力的具体表现

对应日常劳动生活中的个人事务处理类别，我们可以把家庭生活劳动和学校生活劳动的个人事务处理能力概括为个人自理能力，把社会生活劳动中的个人事务处理能力概括为劳动技能。

1. 自理能力

自理能力是指我们作为社会个体在家庭生活和学校生活中，为了满足自我生存需要而应该具备的基本技能。家庭成员和学校集体生活群体在实际生活中，可以通过每个人的形象、内务整理、事务处理快慢等进行直观的评价。自理能力的强与弱，一是与原生家庭父母的培养、教育和家庭氛围以及成员间的劳动分工和关系有着密切关系。二是与个人的自主意识、实践能力、性格有关，但也有着复杂的多样性。一个动作麻利、性格开朗的人，也许在工作上是一个能手，但是在家庭生活劳动和学校生活劳动中可能略逊一筹。

2. 劳动技能

劳动技能是指劳动者在自己所负责或者从事的工作岗位上，在具体实践操作过程中，对劳动者素质能力方面的要求，主要反映岗位对劳动者技能要求的程度。对于操作性强的岗位，工作单位还专门制定了技能标准，对劳动者进行指导、考核和点评。（见图 3-8）劳动技能从本质上来讲，是人的劳动能力，包括人的体力、智力和心理能力。劳动技能的高与低受多种因素的影响。体力能力是智力能力和心理能力得以发挥的基础和保障，智力能力是核心。心理能力是指心理素质或者心理承受能力、耐压能力，对其他技能的形成均会产生积极或者消极的影响。作为一个劳动者，从个人价值和社会价值的角度出发，在通过自己的劳动技能实现个人价值的同时，更应该去实现社会价值，即要为集体、为社会、为国家创造财富，做出应有的贡献。

图 3-8　2020 年度机械行业职业教育技能大赛“汇博杯”大赛现场

（二）个人事务处理能力的评定标准

个人事务处理能力的评定标准从自理能力和劳动技能两个方面来说，均有不同的侧重点以及评定体系。

1. 自理能力的评定标准

就家庭生活劳动中的自理能力而言，父母或者家庭成员作为主要评定者，要遵从他们之间既定的习惯和分工来进行评定。就学校生活劳动中的自理能力而言，管理者、教师、辅导员、室友等都是评价主体，他们可以借助学校制定的管理办法、举办的自理能力比赛、演讲、开展主题活动等进行评定。评定标准统一，过程和结果都是公正公平公开的。

2. 劳动技能的评定标准

劳动技能的评定主要是根据劳动环境或者劳动者所从事的劳动岗位的要求与标准来进行的。对于操作性强的岗位或者单位，可以从劳动者具有的生产岗位知识文化水平和技术等级、生产岗位作业复杂程度和掌握操作所需的时间长短、生产岗位使用的生产设备的复杂程度及看管设备所需的经验和技术知识、生产岗位生产的产品规格的多少和质量要求的水平、体现对技能水平的要求、生产岗位能迅速处理和预防其易出事故所应具备的能力水平等诸多方面进行综合评定。

（三）个人事务处理能力的提高

个人事务处理能力与家庭、学校和社会紧密相关，首先是个人的成长环境，尤其是家庭成长环境。作为学生，学校劳动教育与行为习惯的养成在幼儿园就已经开始，通过各种自理能力的培养，来教育引导学生积极参与劳动。作为职场人，社会角色的变化，需要劳动者尽快适应社会生活，具备劳动生活所需的基本劳动技能，以更快适应职场要求，为单位和社会发展创造物质财富和精神财富。由此来看，在劳动实践过程中，个人事务处理能力对幸福生活、服务贡献社会有着复杂且必要的影响。

提高个人事务处理能力，无疑是使劳动者更快融入学校生活劳动和社会生活劳动，开展多彩的劳动实践的前提条件和必备素质。针对学生群体中参差不齐的个人事务处理能力，鉴于学生群体不同的家庭成长环境，可以从以下几方面提高个人事务处理能力。

1. 增强家庭劳动教育

个人事务处理能力不强，从家庭教育的角度来讲，这类群体主要出现在劳动教育缺失的家庭。父母或其他家庭成员的偏爱、迁就或者溺爱，大包大揽孩子的各类事务，想让孩子无干扰地专心学习，长不大的“大小孩们”，在离开父母过集体生活，进入职场上班之后，面临父母不在身边的实际情况，个人较弱的事务处理能力也给他们带来了生活的烦恼。增强家庭劳动教育和实践，是一个人在家庭生活以及个人成长过程中的不可或缺的部分，所以父母要首先树立自己的劳动意识，培养孩子爱劳动、愿劳动的意识，让孩子参与到家庭生活劳动中，不断培养和提高他们的动手能力和生活自理能力，帮助他们树立正确的劳动观。

2. 强化学校劳动教育

学校教育是继家庭教育之后的第二主阵地和重要方式。学校的劳动教育主要分为理论教育和实践教育。劳动的理论教育层面，主要是通过开设“劳动教育”“职业素质拓展课题”，开展创新性的学习和实践，帮助学生树立正确的劳动观念，增强学生爱劳动的自主意识，培养学生的劳动素养。对于劳动的实践教育层面，学校应主要通过实习实训、劳动教育实践环节、暑期“三下乡”、社区志愿服务、寝室建设等多种方式，不断强化和提高学生的个人事务处理能力。

3. 开展劳动技能培训

进入职场后，作为一名劳动者，面对新的环境和新的要求，我们迫切需要提高自己的劳动技能，这需要所在的单位、工作场所及时开展劳动技能培训。劳动者可以积极参加各种技能比赛，以最快的速度摆正自己的位置，放平自己的心态，消除对劳动技能陌生的恐惧和排斥，以全新的精神面貌和状态投入社会生活劳动和实际中，展现自己的才干，为单位、为社会创造更多的物质财富和精神财富。

劳动人物

全国劳动模范——申纪兰

申纪兰，山西省平顺县西沟村党总支副书记，第一届至第十三届全国人大代表。积极维护新中国妇女劳动权利，倡导并推动“男女同工同酬”写入宪法。荣获“全国劳动模范”“全国优秀共产党员”“全国脱贫攻坚‘奋进奖’”“改革先锋”等称号。

1951 年协助李顺达创办金星农林牧生产合作社，带领妇女参加生产劳动，实行男女同工同酬。1952 年第一次被评为全国农业劳动模范。经三十年努力，使西沟村成为山西省农林牧副业全面发展的典型。1953 年参加丹麦哥本哈根世界妇女代表大会。1983 年获全国三八红旗手称号。1979 年、1989 年两次获全国劳动模范称号。

2018 年 12 月 18 日，党中央、国务院授予申纪兰同志改革先锋称号，颁授改革先锋奖章。2019 年 9 月 17 日，国家主席习近平签署主席令，授予申纪兰“共和国勋章”。

（资料来源：中国人大网）

知识链接

劳动能力鉴定工作应遵循的原则：一是坚持客观公正的原则。劳动能力鉴定要做到以事实为依据，以政策、标准为尺度。事实是指伤病地点、时间、原因、伤病残情、既往伤病史等。政策是指国家有关法律、法规、政策、规章。标准是指评残标准和有关医学技术标准。劳动能力鉴定的结论由集体研究确定，向职工群众公开。只有坚持客观公正的原则，才能保证劳动能力鉴定的客观、公正、合理，才能抵制不正之风对劳动能力鉴定工作的影响，克服主观随意性。二是维护职工合法权益的原则。由于劳动能力鉴定的正确结论是确定职工工伤保险待遇、养老保险待遇、疾病医疗、劳动就业的前提条件和基础，所以，劳动能力鉴定工作关系到职工工伤保险、养老保险、疾病医疗、劳动就业等权益。劳动能力鉴定工作要维护职工的合法权益，不使职工的利益受到损害。三是为企业服务的原则。劳动能力鉴定工作要为企业转换经营机制创造条件，千方百计地减轻企业承担的社会负担，为企业排忧解难，使企业的经营者能将精力集中在提高生产和经营上，为企业参与市场竞争和求得发展创造良好的环境和条件。

主题二 生产劳动

动物仅仅利用外部自然界，简单地通过自身的存在在自然界中引起变化；而人则通过他所作出的改变来使自然界为自己的目的服务，来支配自然界。这便是人同其他动物的最终的本质的差别，而造成这一差别的又是劳动。

——恩格斯，《自然辩证法·劳动在从猿到人转变过程中的作用》，《马克思恩格斯选集》第3卷，997~998页，人民出版社，2012年

知识图谱

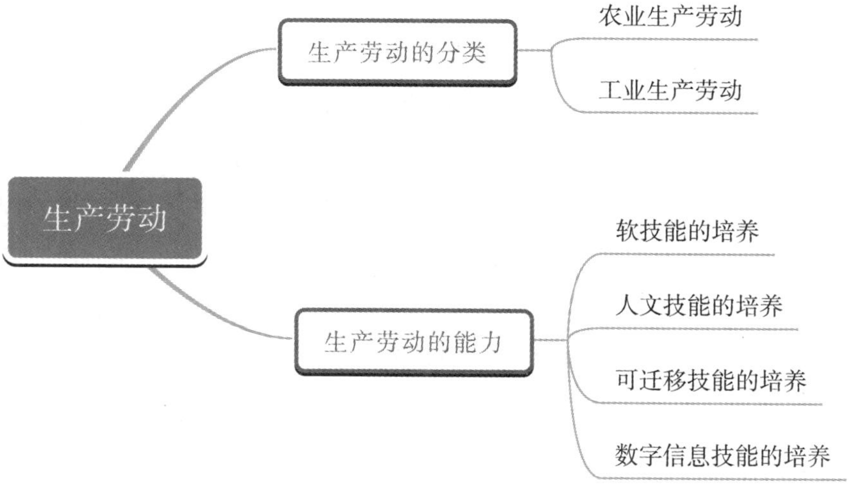

关键词 物质成果、非物质成果、体能劳动、智能劳动

扫二维码

资源 3-1：中国国际智能产业博览会

案例导入

2020 线上中国国际智能产业博览会展览以“智能化：为经济赋能、为生活添彩”为主题，展示全球大数据智能化新产品、新技术、新应用、新成果。展览主要采用线上展览方式，围绕智能产品、智能制造、智慧城市等领域，通过借助虚拟建模技术，设置了线上重庆、智能产品、智能制造、智能应用、智能技术和区域合作 6 个虚拟展区。请扫码查看相关内容。

想一想：你对智能制造下的生活有何期待？

一、生产劳动的分类

在社会主义条件下，生产劳动是生产使用价值和价值的统一。生产劳动所获得的成果不一定是具有物质形态的产品，也可以是非物质形态的产品。随着社会化大生产的发展，生产劳动的概念也在逐步扩大，在物质生产领域内有些脑力劳动者，他们作为生产劳动的一个组成部分，参与或影响生产过程，像各类工程技术人员、经济管理人员、教师和医生等进行劳动，也应被视作生产劳动。因此，生产劳动可以分为两部分：一部分是物质的生产劳动，特指生产物质产品的劳动；另一部分是非物质的生产劳动，指劳动成果不具有物质产品的形式，但它直接影响物质产品的生产，其劳动实践的过程和结果具有生产性。

具体来说，生产劳动包括七大类。生产物质产品的劳动；生产各种能量和效用的劳动；各种生产性服务的劳动；各种物质性的居民服务的劳动；为生产服务的发明、设计、专利、咨询等劳动；具有物质形态的各种精神劳动；提高和强化生产三要素（劳动力、劳动工具、劳动对象），并使它们组织协调的劳动。

（一）农业生产劳动

农业生产作为第一产业，是种植农作物的生产活动。农业生产包括粮、棉、油、麻、丝、茶、糖、菜、烟、果、药、杂（指其他经济作物、绿肥作物、饲养作物和其他农作物）等农作物的生产（见图 3-9，图 3-10）。农业生产劳动一直以来和人们的生活息息相关，尤其是我们的衣食都是靠农业生产创造出来的。没有农业生产劳动，就没有农业的存在与发展，也没有整个社会和国民经济存在与发展的基础，所以农业生产劳动是支撑国民经济建设与发展的基础产业劳动，不可或缺。

图 3-9　农业手工种植

图 3-10　以规模化为核心，推进农业现代化建设

（二）工业生产劳动

工业，是原料采集与产品加工制造的产业或工程。工业经历了手工业、机器大工业、现代工业等几个发展阶段，是社会分工发展的产物。工业在世界各国国民经济中都起着主导的作用，它为人民物质文化生活提供消费品，为其他各个部门提供原材料、燃料和动力，它是国家经济自主的根本保证，是国家财政收入的重要来源。我国的工业主要以基础工业部门为主，包括钢铁工业、机械工业、能源工业和高新工业，再细分的话，机械工业又包括交通运输设备制造业、工业设备制造业、农业机械制造业，能源工业又包括电力工业、石油与天然气工业、煤炭工业，高新工业又包括航空航天技术、生物工程和新医药技术、新能源与高效节能技术、核应用技术、环境保护新技术等。

图 3-11　1956 年 7 月 13 日，新中国第一辆汽车在长春下线

图 3-12　中国智造 2025

二、生产劳动的能力

关于劳动能力，马克思在《资本论》中论述劳动力的买与卖时写道，我们把劳动力或劳动能力，理解为人的身体即活的人体中存在的、每当人生产某种使用价值时就能运用的体力和智力的总和。因此，生产劳动从能力投入上大致可划分为四类，规则性体能劳动、规则性智能劳动、非规则性智能劳动和非规则性体能劳动。

规则性体能劳动主要指体力劳动，这类劳动的工作内容程序化、固定化、重复性强，主要聚集在农业、建筑业、制造业流水线，例如，中国的农民和蓝领工人，是我国目前群体最大、数量最多的劳动者类型。

规则性智能劳动主要指事务性工作，这类劳动的工作内容具有一定的专业性，程序化和规律性较高，从事这一类生产劳动的人员通常被称为“白领”，包括文员、会计、人力资源专员、程序员等，分布行业较广。

非规则性智能劳动指高知识、高技能的脑力劳动，这类劳动的工作内容复杂而具有较高专业性。从事这一类生产劳动的人员专注于对未知领域的探索，需要具有创造性思维模式。其中的典型工作又可以分为专业性思考和复杂性对话两大类，主要涉及从零到一的原创性活动、从一到 N 的准原创性活动，比如，开创新的商业运营模式，或者新的社会制度规则的创造、组织和实现等。例如，政治家、科学家、发明家、创新式企业家、艺术家等，从一定意义上说，从事这一类型劳动实践人才的数量多少、水平高低和成果大小，决定了一个国家的软实力。

非规则性体能劳动特指从事极限运动、救援等特殊领域工作，这一类劳动者数量少、工作强度大、难度高、危险性高，在劳动者总数中占比最小。然而严格来说，单纯的、绝对的非规则性体能劳动几乎不存在，因为从事任何非规则性的精巧劳动肯定需要强大的职能介入。因此，体能劳动同智能劳动之间有时并未存在明显的界限，而是需要智能与体能的双重投入，如外科医生、警察、消防员、飞行员等，这一类劳动者不仅需要极强的专业知识、灵活处变的智力水平，更需要过硬的身体素质才能够胜任。

中国特色社会主义进入新的发展阶段，伴随以消费性、创新性、科技化、复合性为基本特点的劳动新业态正发挥出强大的生命力和影响力。其中，规则性体能劳动具有较高程序化和重复性的特征，此类劳动最易被智能机器、智慧制造、包括各种各样的产业机器人或服务机器人所取代，这一趋势无可阻挡，我们必须认清这一历史潮流并做出相应的对策。而规则性智能劳动虽然也强调专业性，但因其具备的程序化和规律性特点，未来也面临着被人工智能、专业软件大量取代的趋势，其中包括了相当一部分管理工作。但是，由于人工智能、智能机器的发展，大量属于人机交互以及相应的协调人机关系的新职业、新岗位、新工作正被大量创造出来，对越来越多针对智能设备、机器人等的使用、管理、监控、维护和修理等新业态也将发展起来，未来将成为这一类型生产劳动的主体。所以，无论是规则性体能劳动还是规则性智能劳动都将面临劳动分工的革命性转型，因此从事这一类型生产劳动的劳动者迫切需要相应的劳动技能培训，或者是再教育和再训练。非规则性智能劳动则因其复杂性、不规律性和创造性是人类劳动所特有的优势，支撑着一个社会的创新，难以由人工智能替代。

从农耕社会到工商社会，再到未来社会，人类历史前进的步伐不可阻挡，但也是梯度推进的。在过去 40 年中国经济起飞过程中，数以亿计的农业劳动者进城务工，主要从事规则性体能劳动。而广大城市劳动者则普遍从事规则性智能劳动，也有少数人进入非规则性智能劳动。在未来社会生产劳动发展的进程中，这一趋势可能不会改变，只是呈现出新的形态。智能机器人将代替人类劳动者从事规则性体能劳动，由此引发了这些劳动者大量进入规则性智能劳动领域，那么，原来从事规则性智能劳动的劳动者，他们中的大多数则会进入非规则性智能劳动领域。

因此可以看出，在人工智能视域下，劳动者对劳动技能的掌握不再局限于旧的社会分工，而是应该强化人类作为劳动者所特有，而智能设备所不具备的劳动技能。比如，软技能、人文技能、可迁移技能，当然也少不了 5G 时代不可或缺的数字信息技能。

（一）软技能的培养

人工智能在人类生产劳动中逐渐渗透，将过去人工执行的若干任务极大程度上实现了自动化或半自动化，致使很多岗位的劳动者都在面临工作组织方式、工作内容和性质的重大转变，因此未来社会对劳动者的技能需求也发生了相应变化。其中，对软技能的需求成为变化的重点。

软技能用社会学术语来解释，就是我们常说的情商（EQ），它由一系列能够反映个人特质的要素组成，比如，劳动者个体的价值取向、性格特点、社交能力、语言表达能力、情绪控制力、行为习惯等。软技能具有调动自己或他人的情绪、技术、知识等资源解决问题的能力。因此，软技能越高，处理事情的能力就越强，它是衡量一个人处理事情能力的量表。在生活中，一个软技能较为充分的人，会表现出待人友善、积极乐观、易于相处等特点。可以说，它是一种“不易看见的技能，是一个人激发自己潜能和通过赢得他人认可和合作放大自己的资源，以获得超越自身独立能力的更大成功的技能的总和。软技能与那些作为一份工作硬性要求并能够部分反映一个人智商的硬技能，是互补的”。

目前，我国职业结构正在分化，体能劳动逐渐减少，各类需要智能的社会服务工作不断增加，其中明显的是越来越多的社会岗位需要销售与服务能力。大部分高等教育毕业生具备一定的商业素养，能够对商务语言信息进行处理，包括阅读、书写以及财务报表等任务，这属于智力维度可以处理的硬技能，而销售与服务的能力则是来自社会维度的软技能。因为销售类、服务类的工作对象通常具有很强的随机性、多样性，面对不同工作对象，工作方式和工作效果是不能够采用单一性指标进行衡量的，例如，幼教、法律咨询服务、心理咨询服务、健康理疗师等。即使是在人工智能背景下，酒店、餐饮、医疗和其他社会服务类工作对这一类软技能的需求也会越来越大。在经济合作与发展组织（OECD，简称经合组织）的研究中发现，软技能几乎在所有国家都是缺乏的，并且机器人对此很难复制。除此之外，对管理、自主决策、独立安排工作、协作和组织等软技能的需求也在不断上升。在这些无法被人工智能替代的软技能中，以情绪控制力、领导力、适应能力为代表的软实力成为社会选择优秀劳动者的新焦点。

（二）人文技能的培养

2014 年，某学者发表的论文提到了一款中文译名叫作“编诗姬”的作诗软件，用它作出来的诗，虽然通过程序设定可以使它具备“诗”这种文学体裁的基本格式，但是在语言逻辑、遣词造句、选题立意上远远无法达到一名专业文学创作者的水平。例如，“日暮萧萧雨露秋，碧桃花下草萋萋。春风吹落杨枝立，野色开时不见啼”，这就是一首通过“编诗姬”创作的七言绝句。这首诗存在逻辑、立意上的缺陷，人工智能在类似文学创作这样的劳动领域还是很缺乏人类所具备的人文素养。

在当今社会生活中，人们的很多生产劳动、社会服务可以被人工智能所替代。到银行储蓄面对的是智能柜员机、到餐厅就餐面对的是智能点餐系统、邮寄包裹只需要把包裹放入指定的快递柜，虽然这些方式的产生给人类生活带来了极大便利，但是也对人类喜好社交的天性做出了规避，当生活中到处充斥着不具备情感、情绪的机器设备时，人类对于人文情趣、人文素养的需求则会更加凸显。类似的态度也会反映在生产劳动上，例如，各类设计师职业的需求增大，越来越多的消费者希望个性化定制的服务，以及对服务人员是否能够提供人性关怀的需求也越来越强烈。因此人文技能的掌握，成为社会劳动需求的新亮点。

（三）可迁移技能的培养

随着我国城镇化进程的加快，人口地域变动、迁徙的频率高于历史上任何阶段，因此，现代的劳动者在工作选择上会出现一系列的岗位变更、供职企业变更甚至是行业变更。除此之外，婚姻、教育和新旧行业更替等因素也是加速劳动者职业流动的主要原因。由于各部门技能需求因分工不同往往存在较大的差异，即使是同一部门的同一岗位，在不同的企业中也存在着“隔行如隔山”的情况。因此培养劳动者具备可迁移技能，有利于帮助劳动者因生活需要或社会发展需要面临职业变动时，更好地适应新岗位新工作。

所谓可迁移技能，就是指那些能够从一份工作中转移运用到另一份工作中的、可以用来完成许多类型工作的技能。奥美互动全球董事长兼首席执行官布赖恩·费瑟斯通豪，曾将可迁移技能做了归纳，包括乐观力、目标发现力、解决问题力、持续学习力、专业构筑力。

首先，当遭遇工作压力、瓶颈期时，无论选择直面压力还是回避压力，拥有乐观力，静心思考，把经历当作学习材料，释放压力，战略性管理压力，这就是乐观力在生产劳动中的应用。其次，目标发现力是指善于发现问题，主动寻求解决之道，能够在工作中发现任务并制定目标的能力。再次，在执行任务的过程中还有一项非常重要的能力，就是解决问题的能力，有时也把它叫作填坑能力。遇到坑洼不可怕，可怕的是跳不出来，是停滞不前。任何工作在开始的时候都不可能制定出完美的策略，因此更重要的是如何跨越难点、推进任务。在现代劳动生产中，相比完成既定劳动任务，劳动者更应该重视任务之外的学习，此时的学习是自主自发的学习，需要较强的自学能力和自律能力，从而拓展自身的知识，拓展自身的认知边界，将所学碰撞重组出更多可能性。最后，专业构筑力是一种有计划地构建自身强项的能力，这是我们工作中不断追求的事情。这里的专业是指，既能做到将理论运用到实际，又能从理论上说明实践。专业构筑力能带来两个优势，其一是会让我们更具有创新能力，使我们进入最前沿的领域；其二是专注精进，做到专业顶端，能让我们在工作中找到成就感。无论工作、行业或部门的具体任务是什么，这种可迁移技能在当今劳动力市场的需求都是十分强烈的。

（四）数字信息技能的培养

在数字化信息化时代，尤其是即将到来的 5G 时代，数字信息技能的重要性正在逐步凸显。过去，只有网络科技公司对劳动者的该项技能有明确要求，然而在今天，运用计算机处理数字信息的技能已经发展成为比肩外语、驾驶的通用技能，例如，使用通信设备、信息搜索、各类办公软件、解读网络语言的能力。2016 年经合组织的一项研究表明，社会对数字信息技能的需求和供给之间存在明显的不匹配。尤其在中国，大约有四分之一的人缺少使用计算机的经验或缺乏互联网及其他移动设备的应用技能，主要集中于进城务工的农村青年和 40~60 岁的中老年劳动者。除最基本的数字信息技能以外，其他相关技能也存在显著不足，如大数据分析、演绎推理、信息筛选或信息排序的能力。近年来，信息科技飞速发展，数字创新正在融入劳动生产各领域中，促使企业更加青睐那些具备数字信息技能和其他相关知识的劳动者，因此掌握数字信息技能是当前及未来生产劳动必不可少的一环。

劳动人物

南仁东与“中国天眼”

南仁东，天文学家，中科院国家天文台研究员，FAST 工程首席科学家兼总工程师。他用二十多年的时间只做了一件事，做成了这个世界上独一无二的事，带领团队在西南大山里翻山越岭，克服重重困难，修建了让世界瞩目的国之重器——“中国天眼”FAST 望远镜（见图 3-13）。而在“天眼”落成启用前，南仁东已罹患肺癌，他却仍然不忘科研事业，坚持工作在第一线。他用 8000 多个日夜，在世界的天文界镌刻了中国高度。南仁东的身上体现出坚持、专注、奉献等诸多精神。

图 3-13 “中国天眼”

知识链接

制造业是国民经济的主体，是立国之本、兴国之器、强国之基。18 世纪中叶开启工业文明以来，世界强国的兴衰史和中华民族的奋斗史一再证明，没有强大的制造业，就没有国家和民族的强盛。打造具有国际竞争力的制造业，是我国提升综合国力、保障国家安全、建设世界强国的必由之路。

新中国成立尤其是改革开放以来，我国制造业持续快速发展，建成了门类齐全、独立完整的产业体系，有力推动工业化和现代化进程，显著增强综合国力，支撑世界大国地位。然而，与世界先进水平相比，我国制造业仍然大而不强，在自主创新能力、资源利用效率、产业结构水平、信息化程度、质量效益等方面差距明显，转型升级和跨越发展的任务紧迫而艰巨。

实现制造强国的战略目标，必须坚持问题导向，统筹谋划，突出重点；必须凝聚全社会共识，加快制造业转型升级，全面提高发展质量和核心竞争力。

1. 提高国家制造业创新能力

完善以企业为主体、市场为导向、政产学研用相结合的制造业创新体系。围绕产业链部署创新链，围绕创新链配置资源链，加强关键核心技术攻关，加速科技成果产业化，提高关键环节和重点领域的创新能力。

2. 推进信息化与工业化深度融合

加快推动新一代信息技术与制造技术融合发展，把智能制造作为两化深度融合的主攻方向；着力发展智能装备和智能产品，推进生产过程智能化，培育新型生产方式，全面提升企业研发、生产、管理和服务的智能化水平。

3. 强化工业基础能力

核心基础零部件（元器件）、先进基础工艺、关键基础材料和产业技术基础等工业基础能力薄弱，是制约我国制造业创新发展和质量提升的症结所在。要坚持问题导向、产需结合、协同创新、重点突破的原则，着力破解制约重点产业发展的瓶颈。

4. 加强质量品牌建设

提升质量控制技术，完善质量管理机制，夯实质量发展基础，优化质量发展环境，努力实现制造业质量大幅提升。鼓励企业追求卓越品质，形成具有自主知识产权的名牌产品，不断提升企业品牌价值和中国制造整体形象。

5. 全面推行绿色制造

加大先进节能环保技术、工艺和装备的研发力度，加快制造业绿色改造升级；积极推行低碳化、循环化和集约化，提高制造业资源利用效率；强化产品全生命周期绿色管理，努力构建高效、清洁、低碳、循环的绿色制造体系。

6. 大力推动重点领域突破发展

瞄准新一代信息技术、高端装备、新材料、生物医药等战略重点，引导社会各类资源集聚，推动优势和战略产业快速发展。重点发展新一代信息技术产业、高档数控机床和机器人、航空航天装备、海洋工程装备及高技术船舶、先进轨道交通装备、节能与新能源汽车、电力装备、农机装备、新材料、生物医药及高性能医疗器械十大领域。

7. 深入推进制造业结构调整

推动传统产业向中高端迈进，逐步化解过剩产能，促进大企业与中小企业协调发展，进一步优化制造业布局。

8. 积极发展服务型制造和生产性服务业

加快制造与服务的协同发展，推动商业模式创新和业态创新，促进生产型制造向服务型制造转变。大力发展与制造业紧密相关的生产性服务业，推动服务功能区和服务平台建设。

9. 提高制造业国际化发展水平

统筹利用两种资源、两个市场，实行更加积极的开放战略，将引进来与走出去更好结合，拓展新的开放领域和空间，提升国际合作的水平和层次，推动重点产业国际化布局，引导企业提高国际竞争力。

（资料来源：《中国智造 2025》）

主题三
服务性劳动

服务性劳动教育让学生利用知识、技能等为他人和社会提供服务，在服务性岗位上见习实习，树立服务意识，实践服务技能；在公益劳动、志愿服务中强化社会责任感。

——教育部，《大中小学劳动教育指导纲要（试行）》，2020 年 7 月

知识图谱

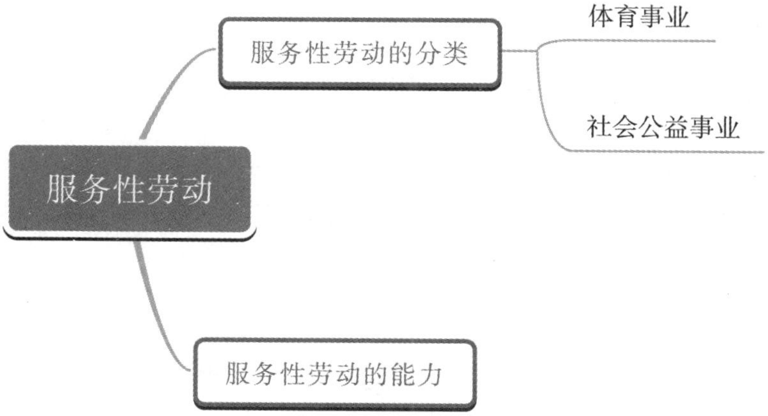

关键词 体育事业、社会公益事业、社会责任感

案例导入

新冠肺炎疫情发生以来，无数普普通通的劳动者，谱写了一曲曲动人的劳动者之歌。他们之中，有兢兢业业的社区工作者，有奋战在一线的医生和护士，也有冒着风雨送餐的外卖小哥……这些平凡的劳动者，也是我们身边的英雄。

观看《最美逆行者》，说说让你感触最深的是什么。

扫二维码

资源 3-2：最美逆行者

一、服务性劳动的分类

服务性劳动是指劳动者运用自身储备的知识技能，利用一定的设备与工具为他人或社会提供价值的服务。作为非生产劳动的基本组成部分，相比于日常生活劳动所特有的自我倾向性，服务性劳动具有更为明确的社会指向性，存在明确的非功利性和利他性。我国的服务性劳动可分为私人消费品的服务性劳动和公共消费品的服务性劳动。私人消费品的服务性劳动泛指在市场交易中为满足社会精神性和娱乐性的需要而提供的劳动，其范围包括文化、体育、教育、卫生保健、旅游、信息咨询等。公共消费品的服务性劳动泛指在社会管理和行政管理中为满足社会和市场的需要而提供的劳动，这种服务性劳动的范围包括公益事业、党政机关、国家行政机关、军队、武警、公安、司法等部门。以下以私人消费品的服务性劳动中的体育事业及消费品的服务性劳动中的社会公益事业为例进行详细解释。

（一）体育事业

体育业是指为社会提供体育产品的同一类经济活动的集合以及同类经济部门的综合。体育是增强国民体质的活动，因此发展好体育行业十分重要。在体育业中，有直接从事体育工作的，如各类运动员（见图 3-14），也有从事经营性体育事业的，如各种运动俱乐部（见图 3-15），这些都促使着体育业的蓬勃发展。发展体育业，要积极培育体育健身娱乐市场，如为群众开展健身、健美、康复、娱乐等体育活动提供场地、设施等，大力发展体育竞赛表演市场，如奥运会、世界杯、世界锦标赛等。

图 3-14 运动员

图 3-15 瑜伽教练

（二）社会公益事业

公益从字面的意思来看是为了公众的利益，实质是社会财富的再次分配。公益活动是指一定的组织或个人向社会捐赠财物、时间、精力和知识等活动。公益事业的内容包括社区服务、环境保护、知识传播、公共福利、帮助他人、社会援助、社会治安、紧急援助、青年服务、慈善活动、社团活动、专业服务、文化艺术活动、国际合作等。

图 3-16 社区公益

二、服务性劳动的能力

实际上在从事服务性劳动的实践过程中，劳动者需要掌握的劳动技能与生产劳动别无二致，无论是具体岗位涉及的专业技能，还是岗位之外涉及的软技能、可迁移技能、人文技能、数字信息技能等，同样都是这一领域劳动者应该具备的基本素质。但除此之外，从事服务性劳动，尤其是公共消费品的服务性劳动，更加需要加强思想政治修养，站稳政治立场，树立服务大局的意识。

大无畏的奉献精神和强烈的社会责任意识一直是我国在社会主义革命、建设和改革各个阶段的重要精神力量。广大青年作为肩负实现社会主义伟大复兴重要责任的新生力量，更要克服轻视劳动、无视劳动和功利化的劳动价值取向，自觉承担社会责任，在实现自我价值的同时服务他人，奉献社会。正如习近平总书记所说，广大青年要自觉奉献青春，为全面建成小康社会多做贡献。青年时光非常可贵，要用来干事创业、辛勤耕耘，为将来留下珍贵的回忆。新时代服务性劳动要求广大劳动者具有爱岗敬业、甘于奉献的劳模精神，引导个体在帮助他人、服务集体中培养服务意识，通过参与不同类型的服务性岗位和公益性活动丰富服务技能、提升服务本领，在实践中提升社会责任感，培育良好的社会公德，共同推进社会主义和谐社会建设。

“最美逆行者”指在所有人都享受和平岁月的时候，有那么一群人顶着危难默默坚守在自己的岗位，对于这种面对险境却丝毫不退缩的人，我们便称他们为最美逆行者。例如，抗击新冠肺炎疫情的医护人员（见图 3-17）、救人于火海的烈火英雄消防员（见图 3-18），抗洪官兵（见图 3-19）

等，正是有他们肩负责任，在看似普通的日子里负重前行，传递信心与力量，守护生命与希望，社会才会如此美好。

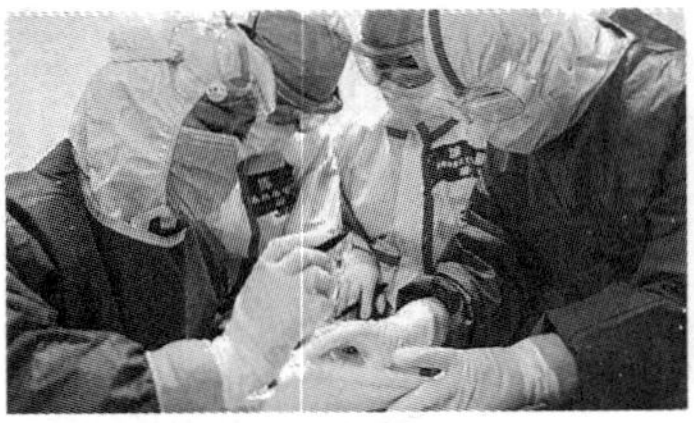
图 3-17　抗击新冠肺炎疫情的一线医护工作者

图 3-18　烈火英雄——消防员

图 3-19　抗洪英雄——武警官兵

劳动人物

人民英雄陈薇：守护人民健康安全是我的责任

中国工程院院士、军事科学院军事医学研究院研究员陈薇，始终紧盯一切可能影响国家生物安全的隐患，在武汉战疫的 4 个月里，她率领团队研制的重组新冠疫苗让世界再次见证了“中国速度”。参加全国抗击新冠肺炎疫情表彰大会后，陈薇院士回到研究所就立刻召集各科研项目负责人进行下一步科研攻关的任务。目前，重组新冠疫苗已经获得俄罗斯和巴基斯坦批准开展Ⅲ期临床试验，并将招募一万多名受试者接受疫苗接种。新冠肺炎疫情暴发后，由军队抽组的军事医学专家农历大年初二紧急深入武汉，陈薇率领团队与北京后方科研基地联合作战，集中力量展开疫苗研制应急科研攻关。2020 年 3 月 16 日，重组新冠疫苗在武汉启动Ⅰ期临床试验，这也是全球首个进入临床研究阶段的新冠候选疫苗。4 月，该疫苗的Ⅱ期临床试验启动。8 月 11 日，重组新冠疫苗成为首个进入临床获得专利权的新冠疫苗。2021 年 2 月 25 日，国家药品监督管理局附条件批准康希诺生物股份公司重组新型冠状病毒（5 型腺病毒载体）注册申请。陈薇院士团队与康希诺生物共同开发了重组新型冠状病毒疫苗。

知识链接

人类历史上的七次信息技术革命

第一次信息革命：语言的产生

第一次信息革命是人类语言的诞生。作为人类最早的信息交流工具，语言辅以结绳记事、累石记数来储存信息。类人猿是类似于人类的猿类，经过千百万年的劳动过程，演变、进化、发展成为现代人，语言也随着劳动产生。

第二次信息革命：文字的出现

这次革命解决信息记录的问题。信息是稍纵即逝的，靠人脑无法进行较为精准的记忆，也难以传承，所以需要记录下来。文字的出现解决了信息无法被记录的问题，这也是人类文明的进步。没有文字，就没有历史、没有文化、没有传承，也难以有人类文明。

第三次信息革命：纸和印刷术

这次革命解决信息远距离传输的问题。如果信息只能近距离传输，那人类文明的传播速度就很慢。印刷术的出现，让信息可以大量远距离地传播，加快了文明的发展速度，发展较快的文明，用更快的速度向其他地方渗透，各种文明也相互交融、相互借鉴、相互促进、共同发展。造纸术和印刷术创造了古代文明的高峰。

第四次信息革命：无线电的发明

这次革命解决信息远距离实时传输的问题。虽然造纸术和印刷术让信息做到了远距离的传播，但是它效率低，速度慢。能不能让信息相隔很远距离进行实时传输，这是近代信息革命的课题。无线电的发明，实现了这个看似不可能的目标。电报、广播让全球的信息传播的效率大大提高。

第五次信息革命：电视的出现

此次革命解决远距离多媒体传输的问题。电报和广播的信息传输功能已经非常强大，但是它信息量小，媒体形式单一，主要是以声音为主，文字信息也非常简短。人类渴望实时多媒体的传输。电视终于出现，成为 20 世纪 50 年代一直到今天主流的媒体平台，大大改变了社会政治、经济、文化，尤其改变了人们的娱乐和生活模式。

第六次信息革命：互联网

互联网让信息成为双向交互的传输。要让多媒体的信息传输从广播、电视这种单向的平台转为双向交互，必须要有新的技术出现。当代最有创造性的信息技术就是互联网，它不仅让信息做到了远距离、实时、多媒体、双向交互的传输，在这个技术的基础上，产生了很多全新的商业模式和业务模式，也大大改变了世界政治的格局和人们的思维方式。

第七次信息技术革命：5G 时代

人工智能一词最初是在 1956 年达特茅斯会议上提出的，虽然前期进展缓慢，但是近几年这个技术犹如风暴般开始席卷整个市场，渗透到各行各业中，且越来越受到更多人的关注与重视，也为社会和企业带来了方方面面的革新。

语言成就人类，文字创建文明，印刷术推动古代文明的发展，无线电引领近代文明，电视机推进现代文明，而互联网则引爆了当代文明。今天，我们站在一个信息技术革命的全新起点，这就是第七次信息技术革命，而第七次信息技术革命就是智能互联网。

传统互联网的主要任务是实现高速度的信息传输，而智能互联网是一种新的信息传输体系，由移动互联、智能感应、大数据和智能学习等共同构建。移动互联彻底打破空间限制，让使用场景成倍扩张。就如我们现在所用的手机，打电话只是最基本的功能，而进行万物信息传递、移动支付，并且兼具各种多媒体应用，成为人们工作和生活中必不可少的万用机，才是它的真正用途。随着智能手机的普及，智能互联网初见端倪，各种移动智能产品开始影响各个行业，并且将逐步实现人物互联和万物互联。移动互联将带来多米诺骨牌一般的效应，推动着变幻莫测却又有迹可循的信息时代向前发展。

第四部分
规范的劳动组织

>> 学习目标

- ◆ 理解安全生产、劳动规范和劳动保护的内涵、类别。
- ◆ 通过对安全生产制度和责任、劳动规范管理和操作、劳动保护内涵和类别的认识，进一步掌握和了解相关要点，规范劳动，保护自己的合法权益。
- ◆ 强化安全劳动、规范劳动的意识，增强劳动责任感，增强劳动保护能力。

>> 知识图谱

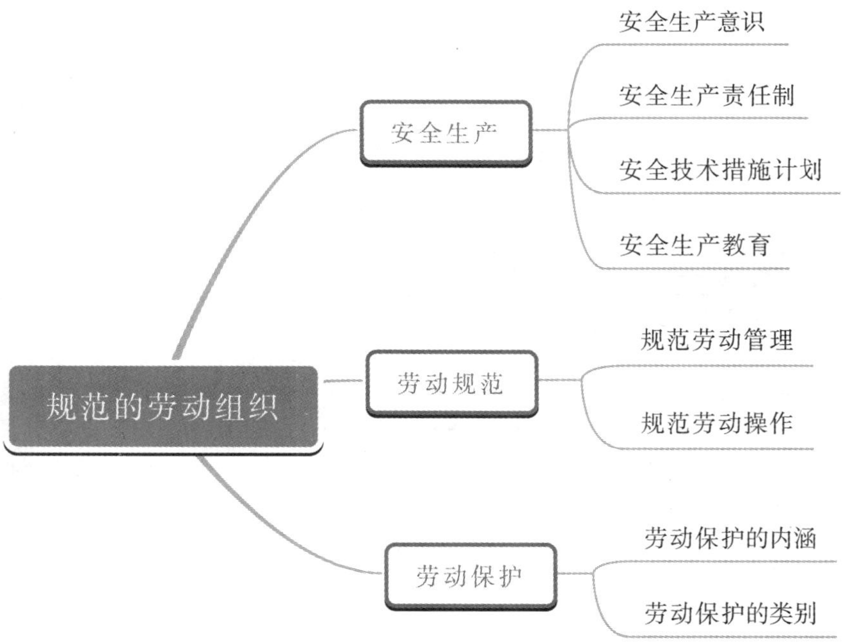

>> 思想火花

1. 在劳动中，如何正确进行劳动保护？
2. 如何坚守安全生产职责？

主题一 安全生产

千条万条，安全生产第一条；千计万计，安全教育第一计。

事故出于麻痹，安全来于警惕。

知识图谱

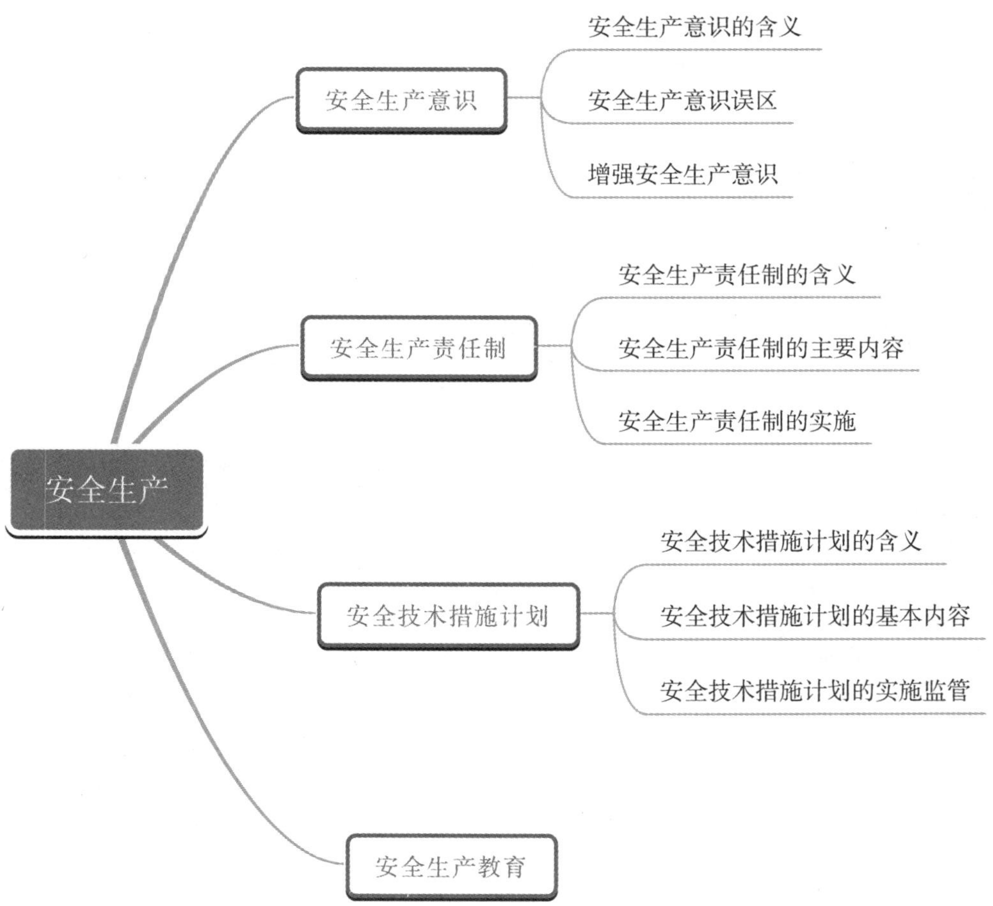

关键词 安全生产、劳动、责任

案例导入

安全生产无小事

简要经过：某厂检修人员为更换输煤皮带打开吊砣间的起吊孔（标高 25 米），仅用一条尼龙绳作为简易围栏。1 月 17 日上午，工作负责人于某带领岳某等人到达吊砣间，进行疏通落煤筒工作，虽发现起吊孔未设围栏，但并未采取防护措施，便开始作业。一工作人员用大锤砸落煤筒，岳某为躲避大锤后退时，从起吊孔坠落至地面，抢救无效死亡。

原因及暴露问题：

1. 检修人员打开起吊孔，未设安全可靠的刚性临时围栏。

2. 虽用尼龙绳设简易围栏，但过于松动，垂落在地，起不到任何防护作用。

3. 工作负责人带领作业人员到达现场，虽发现临时围栏起不到任何防护作用，但未要求检修人员设置可靠的刚性临时围栏。

4. 工作负责人在临时围栏起不到任何防护作用的情况下，也未采取其他防护措施，盲目组织开工。

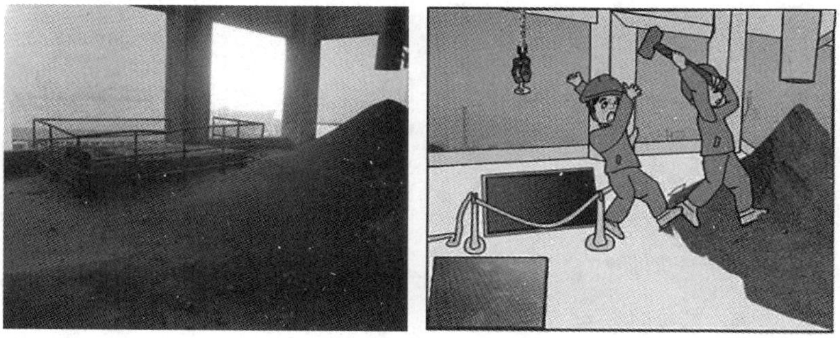

图 4-1　事故图片及示意图

一、安全生产意识

（一）安全生产意识的含义

所谓安全生产意识，就是人们头脑中建立起来的生产必须安全的观念，是人们在生产活动中，对各种各样可能对自己或他人造成伤害的外在环境的一种戒备和警觉的心理状态。“安全第一”是做好一切工作的试金石，是落实“以人为本”的根本措施。坚持安全第一，就是对国家负责，对企业负责，对人的生命负责。安全是自己的，也是大家的。失误不仅会伤害自己，还会伤害他人，甚至给国家造成不可估量的损失，危及社会的稳定。

（二）安全生产意识误区

“安全责任重于泰山，安全就是效益，安全就是生命”，面对这些耳熟能详的安全警句，为何员工在生产过程中，仍不能对其引起足够的重视，造成各类事故的发生呢？综合来看，员工在安全生产意识方面存在各种心理误区，主要情况如下：①侥幸心理。员工对于安全事故心存侥幸，马虎大意。②麻痹心理。员工对于安全事故的危害性认识不足，安全意识淡薄。③紧张心理。有的员工技能低下，缺乏经验，应变能力差。④经验主义。工作过程中，员工仅凭经验判断和习惯性操作，安全规章形同虚设。⑤投机心理。工作中投机取巧，随意简化作业程序、减少作业步骤，造成事故隐患。⑥逞能心理。员工为表现“艺高人胆大”，不遵章守纪。⑦莽撞心理。员工不顾生产条件，不计后果，野蛮操作。⑧无知心理。有的员工工作不上心，操作技能低下，工作起来糊里糊涂。⑨麻木心理。员工工作热情减退，缺乏积极性、主动性，对于问题视而不见。⑩从众心理。“法不责众”“依葫芦画瓢”。⑪反常心理。带有情绪上班，容易发生浮躁、激动、偏激行为。⑫奉上心理。员工一切以领导的话为准，缺乏原则性。⑬唯心心理。“是福不是祸，是祸躲不过”。

人健康、家庭完整、单位稳定、社会和谐，是每一个职工、每一个家庭、每一个单位的共同期盼。安全意识是一种责任心和危机感。只有将“安全第一、预防为主”的理念扎根每个人的意识和行为中，深入生产建设和经营管理全过程，才能为促进企业持续健康发展提供有力的思想保证、精神动力、文化条件和舆论支持。

（三）增强安全生产意识

通过对安全生产意识以及安全生产意识误区的认识，可以清晰感受增强安全生产意识的必要性与重要性。安全第一，安全责任重于泰山。

二、安全生产责任制

（一）安全生产责任制的含义

安全生产责任制是根据我国的安全生产方针“安全第一，预防为主，综合治理”和安全生产法规建立的各级领导、职能部门、工程技术人员、岗位操作人员在劳动生产过程中对安全生产层层负责的制度。安全生产责任制是企业岗位责任制的一个组成部分，是企业中最基本的一项安全制度，也是企业安全生产、劳动保护管理制度的核心。

实践证明，凡是建立健全了安全生产责任制的企业，各级领导重视安全生产工作，切实贯彻执行党的安全生产方针、政策和国家的安全生产法规，在认真负责地组织生产的同时，积极采取措施，改善劳动条件，工伤事故和职业性疾病就会减少。反之，就会职责不清，相互推诿，而使安全生产、工作无人负责，无法进行，工伤事故与职业病就会不断发生。

（二）安全生产责任制的主要内容

第一，企业单位的各级领导人员在管理生产的同时，必须负责管理安全工作，认真贯彻执行国家有关劳动保护的法令和制度，在计划、布置、检查、总结、评比生产的时候，同时进行安全工作。

第二，企业单位中的生产、技术、设计、供销、运输、财务等各有关专职机构，都应该在各自业务范围内，对实现安全生产的要求负责。

第三，企业单位应该根据实际情况加强专职人员的工作。

第四，企业单位各生产小组都应该设有不脱产的安全员。小组安全员在生产小组长的指导下，在安全生产方面以身作则，起模范带头作用，并协助小组长做好相关工作。

第五，企业单位的职工应该自觉地遵守安全生产规章制度，不违章作业，并且要随时制止他人违章作业，积极参加安全生产的各种活动，主动提出改进安全工作的意见，爱护和正确使用机器设备、工具及个人防护用品。

（三）安全生产责任制的实施

要让制定好的安全生产责任制发挥应有的约束和规范作用，需要将其科学实施并强化过程的监督管控。安全责任事关企业的生命，对安全生产责任制的实施，需要做到以下三个务必。

1. 务必高度重视

安全问题需要企业或者单位上层的高度重视，也需要每一位劳动者的积极重视。劳动者是直接生产者，更应该严格按照安全生产责任制度的规定要求，把安全放在第一位，规范生产，确保安全。

2. 务必严格执行

让制度发挥其治理效能的关键是需要对其严格执行。上至管理者，下至普通劳动者，都应该强化这样的意识，将安全生产记在心间，牢记各项规定，尤其是与自身岗位密切相关的规定，提高自身执行力。

3. 务必加强管控

有关部门及其负责人应该在生产过程中或者劳动过程中，制定对安全生产责任制执行和落实情况的实施细则，并将其作为部门、岗位和劳动者的年度工作考核重要指标，不断强化过程管控，增强考核力度。

三、安全技术措施计划

（一）安全技术措施计划的含义

安全技术措施计划（即劳动保护措施计划）是企业为了保护职工在生产过程中的安全和健康，在本年度或一定时期内根据需要而确定的改善劳动条件的项目和措施。过去，安全技术措施计划是企业生产财务计划的主要内容，现在是企业综合计划即生产、经营、财务计划的组成部分。有计划地改善劳动条件是我国安全生产的方针、政策，也是社会主义制度优越性的具体体现。早在 20 世纪 50 年代，国家就向各企业主管部门提出编制安全技术措施计划的建议，要求各地区、产业和企业单位在编制生产财务计划时编制安全生产措施计划。经过几十年的努力，编制安全技术措施计划已经成为企业安全工作的重要内容，为企业有计划地改善劳动条件提供了有效途径。

在我国，劳动条件的改善，即为工人创造安全卫生的劳动条件是目前乃至今后较长一段时期需要加强的。究其原因，主要是安全技术措施未能跟上生产的发展，生产与安全工作脱节。这既有我国工业基础差、底子薄的历史遗留的客观原因，也有人们重生产、轻安全的主观原因。安全技术措施计划纳入企业生产经营、财务计划，使安全技术措施的发展与生产发展相匹配、相协调，既可克服安全生产“两张皮”的现象，又可使历史遗留的不安全、不卫生问题逐步得到解决，还能改善工作中的盲目性问题，使工作有的放矢。企业可以把有限的资金用在“刀刃”上，调动群众的积极性，减少编制计划过程的盲目性、主观性，尽量避免决策失误。

（二）安全技术措施计划的基本内容

1. 措施应用的单位或工作场所

安全技术措施计划的单位或者工作场所是有针对性地制订安全技术措施计划首先要明确的。在安全技术措施计划设计的过程中，要将该单位或者工作场所的安全生产的要求与标准科学纳入计划中，确保计划的针对性和可操作性。

2. 措施名称

安全技术措施是紧紧围绕需求单位或者工作场所来制定的，在此基础上，还要与上级文件精神和工作部署要求保持高度一致，从而避免重复返工，确保工作质量和效率。

3. 措施目的和内容

措施目的和内容按需求单位或者工作场所来制定。目的指向性必须明确，不能模棱两可。内容要详尽，在制订好计划后，需邀请行内专家和法律顾问等进行评审指导，确保符合安全生产需求，尤其是要确保在劳动技术实施过程的各项具体要求齐全，避免发生安全事故和法律纠纷。

4. 经费预算及来源

在制订安全技术措施计划过程中，要严守财经纪律，结合工作制订计划，明确经费预算及其来源。

5. 实施部门和负责人

实施部门是具体实施安全技术措施计划的部门，其负责人是该部门主持工作的领导或者是第一责任人，经确定后，不能随意更改。实施部门和负责人要在安全技术措施计划实施过程中履职尽责，并加强过程管控。

6. 开工日期和竣工日期

安全技术措施计划的内容要明确指出具体的开工日期和竣工日期。

7. 措施预期效果及检查验收

措施预期效果要实事求是，要讲清楚安全技术措施计划实施后会规避哪些风险，会提供哪些技术指导，会有哪些具体举措以及验收的指标等。

（三）安全技术措施计划的实施监管

在安全技术措施计划制订好之后，实施部门和负责人要加强对部门所需的安全技术措施计划的实施监管，对在计划实施过程中出现的问题或者存在的不恰当、不科学的举措，存在的隐患及时进行调整和修改，确保安全技术措施的科学性和实效性。

四、安全生产教育

安全生产教育主要针对进入职场后的劳动者。对学生而言，在教育教学过程中，也会涉及安全生产教育。安全生产工作历来强调“安全第一、预防为主、综合治理”，而确保安全生产的关键之一是强化职工安全生产教育培训。对职工进行必要的安全生产教育培训，是让职工了解和掌握安全法律法规，提高职工安全技术素质，增强职工安全意识的主要途径，是保证安全生产，做好安全工作的基础。

对职工进行安全生产教育，是安全管理的最基本工作，也是确保安全生产的前提条件。只有加强安全生产教育培训，不断强化职工安全生产意识，增强职工安全防范意识，才能筑起牢固的安全生产思想防线，才能从根本上解决生产中存在的安全隐患。安全与生产是辩证统一、相辅相成的，安全生产教育既能保障安全生产，又能提高经济效益。

劳动人物

刘传健：高空迫降，守护机组人员安全

2018 年 5 月 14 日，刘传健担任机长驾驶 3U8633 航班从重庆飞往拉萨，这条航线对于机长刘传健来说是轻车熟路，因为他已经飞行了上百次，可以说路线早已烂熟于心。但没想到的是，意外还是发生了，飞机飞行 40 分钟后，在成都区域巡航阶段，驾驶舱右座前风挡玻璃破裂脱落，驾驶室设备失控，眼看着一场空难就要发生了。

然而，在危急关头，机长刘传健在大量仪表被破坏的情况下，靠自己的判断维持飞行，组织机组正确处置。机长在前方临危不惧，机组乘务人员则在后方安慰乘客，让乘客们保持镇定，不要慌乱，因为一旦后方乱了，就会影响前方机组人员的工作。在刘传健机长和其他几位机组人员的分工协作下，飞机于 7 时 46 分安全备降成都双流机场，所有乘客平安落地。

刘传健是一位经验丰富的老机长，可以说是久经沙场，为了保证乘客的生命安全，他不断学习探究，看过多部航空题材的电影或纪录片。作为业内人士，他常常就航空事故进行专业研析，正是因为他的这种精神，才让差一点成为空难的事件化险为夷。

对于 3U8633 航班事故，中国民航进行了极为扎实细致的调查。调查报告由长达 131 页的正文和 14 份试验报告构成，调查组不仅调查了大量历史数据，还联合公安部、消防局、天津火灾物证鉴定中心等国内外机构对物证进行了严格的鉴定，甚至对风挡飞出也进行了复现试验。

最终，针对在 3U8633 航班上发生的事件，我国也给出了详尽的安全建议：对空中客车公司，建议其对风挡的设计、制造、故障探测等方面进行大量改进，并研究对驾驶舱门撞击跳开关面板的影响。对于欧洲航空安全局，建议对适航标准进行改进。对于中国民航局和航空公司，也提出了针对性的处置建议。

这是中国民航耗时最长的事故调查之一，其最终调查报告的有效性超越了许多机毁人亡的重大空难。

惊心动魄的 20 多分钟，差点变成空难事故。在为英雄机长点赞的同时，我们不妨从分析问题、解决问题的角度来进行深入剖析。川航迫降事件属于异常类问题，那么，异常类问题解决步骤有哪些？

首先，马上制止。当事故发生时，马上采取紧急措施，防止问题朝不好的事态发展。川航驾驶员刘传健应对突发事件处理得当，在低温、失压、仪表盘被掀开、大多数无线电失灵的情况下，沉着冷静、机动灵活，发出 7700 紧急代码，从 9800 米高空，两次降低高度，最终安全备降成都机场，竭力把损失降到最低，成功防止悲剧灾难的发生。

其次，界定问题。把问题界定清楚才能从根源上杜绝类似问题的重复发生。飞机驾驶舱前风挡玻璃破碎，只是我们看到的情景，而不是根源问题。因为哪种原因导致玻璃破碎，是玻璃本身质量问题？还是安装不当？是没有定期养护检查？还是外力导致？应该找到问题根源。

再次，寻找真正原因。导致玻璃破碎的真正原因是什么？据航空业内专家剖析，导致飞机风挡玻璃破碎，存在四种可能：一是安装风挡玻璃时，使用的螺丝不合格，或安装时用力过猛，产生裂纹，造成隐患。二是玻璃材质存在问题。三是飞机在飞行过程中，由于高空中温度极低，通常前风挡玻璃需要加温以维持其强度，但如果加温过程中，出现短路或发热不均衡，也可能导致玻璃强度变化，在内外压力差的作用下破裂。四是风挡玻璃遭到外来物撞击，导致破裂脱落。到底属于哪种，需要认真细致地分析排查，找到根本原因，才能从根源上予以解决，防止类似事故重复发生。

复次，解决问题。清晰界定问题，找到真正原因以后，如何解决问题？根据具体原因，从制度机制、工艺工作标准、SOP（标准作业程序）作业指导书等各个角度审视，予以彻底解决。涉及同类机型、全国所有航空公司客机都要进行排查整改，避免此类事故的再次发生。

最后，评估问题。问题解决以后，对结果和整个过程进行评估。问题有没有彻底解决？有没有更好的解决问题的方法？问题解决前后差别在哪里？如何通过标准化解决方式避免同类问题重复发生？

知识链接

劳动保护：劳动保护是根据国家法律、法规，依靠技术进步和科学管理，采取组织措施和技术措施，消除危及人身安全健康的不良条件和行为，防止事故和职业病，保护劳动者在劳动过程中的安全与健康的措施。劳动保护的内容包括劳动安全、劳动卫生、女工保护、未成年工保护、工作时间和休假制度。我国宪法规定加强劳动保护，改善劳动条件。国家一直十分重视劳动保护工作。目前，国家正在不断通过健全劳动保护立法，强化劳动保护监察和安全生产管理，推进安全技术、职业卫生技术与有关工程等，来保证《中华人民共和国宪法》所要求的这一基本政策的实现。

主题二
劳动规范

生产劳动和教育的早期结合是改造现代社会的最强有力的手段之一。

——马克思，《德国工人党纲领批注》，《马克思恩格斯选集》，第3卷，377页，人民出版社，2012年

知识图谱

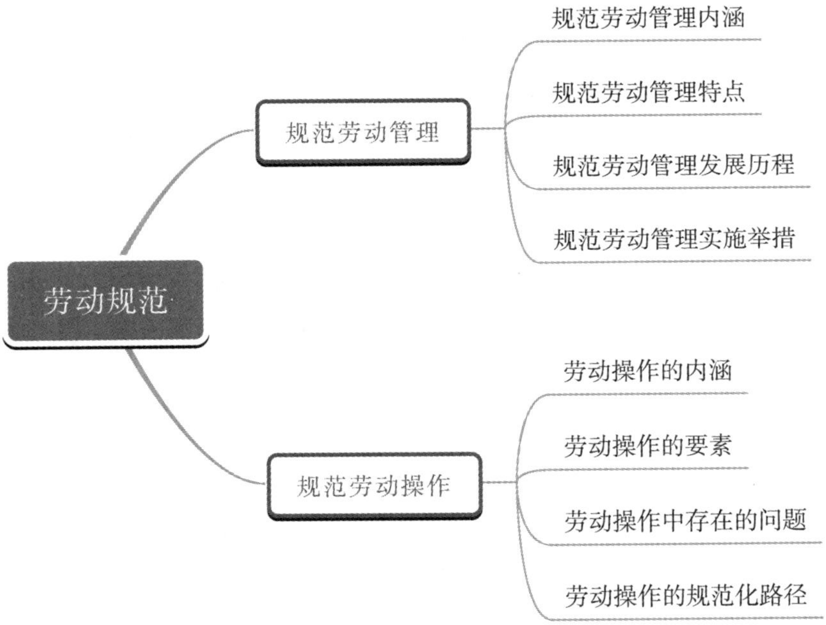

关键词 劳动、规范、管理、操作

案例导入

某银行网点一柜员发现钱箱短款 500 元，经办员边报告负责人边急忙查找原因，经过查找发现在一张汇款凭证上客户填写金额是 500 元，但经办人员录入为 1000 元，调阅监控录像查看后，证实确实是这笔业务出了差错。原因是客户在同时办理两笔信用卡汇款业务，他将两张汇款单和现金一并递给经办人员，而经办人员在没有认真核对凭证和现金的情况下就先往甲账户汇了 1000 元，在汇入乙账户 500 元时没有进行核对而是直接输成了 1000 元，将本应汇入乙账户的 500 元错输成 1000 元。客户认为自己的汇款金额无误，录入错误的是经办人员，与自己无关。经办人员再三解释并承认自己操作失误造成业务差错，与客户无关，最终客户同意交易并签字确认。

这则案例中，银行经办人员究竟错在哪里，你找到答案了吗？

一、规范劳动管理

（一）规范劳动管理内涵

劳动管理是一个非常宽泛的概念，有广义和狭义之分。广义的劳动管理是指对于整个劳动领域及劳动行为的规范与导向，狭义的劳动管理则是指从事具体劳动的行为规范，我们这里所讲的劳动管理主要是指广义的概念。所谓规范劳动管理，即在从事一切劳动行为过程中的行为准则和标准，亦即对凡是属于劳动领域内的一切事物和行为的规范。

基于劳动管理所涉及的维度之广、内容之多，那么劳动管理不应也不能是无章可循的，也就是说，劳动管理需要一定的规范和统一的标准，亦即劳动标准。规范劳动管理，就是要借助某种方式方法（定性描述或定量分析）对某种劳动行为特别是管理行为做出统一的标准或规定，这种规定和规范以涉及全部劳动领域的自然科学、社会科学、实践经验等的综合成果为基础，通过相关方面协商并达成一致决定，进而以各种各样的形式予以公布并宣传，旨在成为包含劳动者与管理者在内的一切劳动者所应共同遵守的准则和依据。

（二）规范劳动管理特点

1. 规范劳动管理具有统一性

对劳动管理的规范，要求对劳动者、劳动关系、劳动过程、劳动行为、劳动条件以及所有与其相关联的管理活动等方面做出统一规定，这就要求对劳动管理的标准与考核应该是统一的。尽管具体劳动者、劳动行为及劳动过程可能会有所不同，但其内在所具有的同一性决定其规范亦具有统一性。那么，这种统一性何以可能呢？又是从何而来呢？任何劳动行为其本身都是具有重复性质的，对包括劳动管理在内的劳动行为的规范，其实质也就是一种对劳动相关的重复性事物、概念和行为的统一规定，这一点其实并不难理解。例如，尽管具体劳动者所从事的具体劳动可能不同，但任何劳动者在进行同类劳动时都需要具备相应的、相通的技能要求和技术水平；任何一线的劳动行为可能都是劳动者在无数次重复着相同的动作和技术要求，其重复性同样具有统一的标准和规范；每一位劳动者在与用人单位确定劳动关系并签订劳动合同时都会有具体的内容和要求，但其程序都具有相近或相似性，同样呈现一种重复性现象。基于以上这种相通性、相似性和重复性，使得劳动管理规范的出现与存在成为可能，换句话说，找出一切劳动管理过程中所存在的内在规律性并对其做出统一规定或要求，亦即规范劳动管理的过程。

2. 规范劳动管理具有多样性

尽管劳动管理具有其内在的一致性和规律性，但具体到如何规范劳动管理，其方式、方法又是多种多样的。劳动对象不同、类型不同、属性不同，与之相对应的规则、规范或者说标准也不尽相同，尤其不应也不能通过单一的方法去制定劳动管理规范和标准。如何做到方法的多样性呢？这就要求我们从劳动对象及其所属的类型出发，尊重其自身所存在的不同和复杂性，进而具体问题具体分析，对不同类型的劳动管理情况运用不同的方法制定规范标准。例如，规范劳动管理可以通过法律的制定予以强制性保障，即法律、法规和规范性文件；也可以通过社会机构和社会规则进行日常规定，即国家标准规范性文件表述等；还可以通过道德方式对劳动者内心进行约束与规范，即社会公德、倡议鼓励等。不同的方式所表现的结果自然也不相同，有关于劳动者基本权益保障的劳动规范，有劳动安全卫生规范，有集体合同中的有关劳动规范，有企业规章制度中的有关劳动规范等；像这样以不同形式的表现所呈现的规范，其表现形式也分为文字、图标、定性分析、定量描述等。

3. 规范劳动管理具有明确性

对劳动管理的规范和标准的制定需要依赖于劳动领域内的自然科学、社会科学等实践经验作为基础和前提。伴随着劳动力水平的不断提高，劳动者素质不断提高，有关劳动及其管理问题的研究也日趋成熟，使其具有了相对明确的规定性与指向性。一方面，劳动具有的自然属性决定了劳动管理过程中需要处理好人与自然的关系，旨在有效配置劳动力资源，使劳动管理过程更加科学合理。另一方面，劳动具有的社会属性决定了劳动管理过程中需要处理好人与人、人与社会的关系，旨在维护劳动者基本权益，协调各方劳动关系，使劳动关系有序健康发展。对劳动管理的规范必须明确，既包括明确的对象、任务、内容、行为等，又包括明确的实施方法、途径等，这是劳动管理行为得以展开的指南和方向，也是劳动管理行为得以顺利有效开展的必要保障。

（三）规范劳动管理发展历程

1994 年我国第八届全国人民代表大会第八次会议通过了《中华人民共和国劳动法》，首次对我国劳动相关问题作出了规定，适应了计划经济向市场经济转变的需要，特别是有力推动了劳动用工制度的改革。同年，《企业经济性裁减人员规定》《企业职工患病或非因工负伤医疗期规定》《违反和解除劳动合同的经济补偿办法》《工资支付暂行规定》《关于企业实行不定时工作制和综合计算工时工作制的审批办法》等法律条例相继出台;《国务院关于职工工作时间的规定》《违反〈劳动法〉有关劳动合同规定的赔偿办法》《劳动部关于贯彻执行〈中华人民共和国劳动法〉若干问题的意见》等意见条例进一步为劳动管理问题做出了制度规定和保障。进入 21 世纪，伴随着市场经济的飞速发展，现代企业制度普遍建立并推行，包括劳动管理在内的企业管理逐步走向现代化，劳动相关立法不断得到丰富和延伸，劳动管理规范得到前所未有之发展。2000 年《劳动力市场管理规定》、2004 年《劳动保障监察条例》、2005 年《国务院关于进一步加强就业再就业工作的通知》《国务院关于完善企业职工基本养老保险制度的决定》、2007 年《中华人民共和国劳动合同法》《中华人民共和国劳动争议调解仲裁法》、2008 年《中华人民共和国劳动合同法实施条例》等法律、制度、条例对劳动管理问题的规定不断健全完善。

劳动管理规范得到不断发展完善主要表现在劳动标准的种类更加细化，对劳动管理的划分更加科学，逐步建立并健全了劳动安全卫生标准以及对劳动关系调整的各项标准。第一，规范劳动管理的标准更加明确。随着社会的发展和人们认识水平的不断提高，劳动管理规范已经基本涵盖劳动时间、劳动合同、劳动报酬、劳动争议处理、劳动安全卫生、女职工和未成年工保护等各个方面，与此同时，国家对于这些劳动管理内容所作出的规定也越来越明确、越来越详尽。第二，规范劳动管理的范畴更加宽泛。当前我们所讲的劳动管理规范范畴由原来的可能只适用于某些行业、企业、职业的部分劳动者，转变为今天所有行业、企业、劳动者都适用并应执行的法律规定的通用最低劳动标准。第三，规范劳动管理的方法更加完善。

（四）规范劳动管理实施举措

劳动管理对象包括所有的劳动者。对每一位劳动者的基本权利的保障负责，这就需要用工单位从规章制度、劳动合同、劳动者薪酬、用工管理等各个方面加强劳动管理，进而建立健全完善的管理体制机制，为规范劳动管理提供有效路径和保障。

1. 建立健全制度建设是关键

建立健全科学完善的规章制度是劳动管理规范运行的重要保证，这就要求劳动管理规范和制度在建立的过程中必须遵循合法性与合规性。一方面，劳动管理制度的合法性体现在其必须与国家法律制度保持一致，并且随着国家法律出台的新要求和新变化而适时调整；换句话说，劳动管理规章制度的建立与实施不能与任何国家层面的法律法规相违背。另一方面，劳动管理制度的合理性在于其应符合劳动者意愿和基本权益，每项制度的出台都应充分征集劳动者意见，凡是重大事项都需要向全体职工公示，由此确保制度建设公开透明、合法合理合规。

2. 全面完善管理工作是重点

劳动管理涉及方方面面，包括劳动合同、薪酬福利、劳动保护等多方面工作内容。一是劳动合同的拟订必须明确且合法合规，特别是关系到劳动双方的职责和利益等必须进行明确，同时构建劳动合同动态管理体系，随时根据劳动关系等的变化而做出调整，进而确保合同的切实有效。二是薪酬福利需要结合自身实际情况合理制定，探索在注重劳动定额管理办法与分配制度相结合的基础上如何激发个体积极性，如何践行多劳多得原则等。三是加强对劳动者社会保险、基本权益等的保护，特别是劳动者养老保险、医疗保险、工伤保险、失业保险等多方面的社会保障。只有劳动者基本权益得到充分尊重和保护，才能更加有效地开展各项劳动工作。

规范化的劳动管理体制机制为企业发展提供保障，完善的劳动管理工作为劳动关系的和谐发展提供支撑，规范劳动管理是一项系统性的工程，这种复杂性涉及劳动管理工程的方方面面，需要社会各界的共同努力。

劳动面面观

劳动者故意严重违章造成公司损失

张某是 A 公司职工。2014 年 6 月 16 日至 6 月 19 日，张某等 26 人因工资待遇问题协商不成擅自停工，并阻碍单位安排其他劳动者恢复生产，造成公司直接损失 20 余万元。2014 年 6 月 25 日，A 公司依据《员工手册》与张某解除劳动合同。2014 年 7 月 10 日，张某提出仲裁申请，要求 A 公司支付违法解除劳动合同的赔偿金。2014 年 7 月 24 日，A 公司提起反申请，要求张某赔偿给单位造成的损失。仲裁委查明：张某组织、参与停工系事实，该行为严重违反单位规章制度。A 公司规章制度制定程序合法，内容并未违反法律规定且经过张某签字确认知晓，A 公司解除劳动合同的依据和程序合法，并不构成违法解除。张某在明知规章制度规定“组织、参与停工、怠工为严重违纪，可解除劳动合同”的情形下，仍然组织、参与停工并对单位造成损失。仲裁委对张某的违法解除劳动合同申请赔偿金的仲裁请求不予支持，裁决张某赔偿 A 公司部分实际损失。

热点讨论：

1. 对于张某故意严重违章的行为，你怎么看？

2. 如果你是张某，你会怎么做呢？

二、规范劳动操作

劳动操作，顾名思义，强调的是劳动过程，劳动最重要的是过程的展现，在劳动过程中真正体现劳动的意义与价值。

（一）劳动操作的内涵

劳动操作是指劳动者借助各种劳动工具和手段，通过运用各种劳动资料对劳动对象进行生产加工，从而产生使用价值和价值的过程体现。从其内涵来看，劳动操作所指向的劳动对象是有目的的行为活动，旨在通过借助并运用劳动资料改变劳动对象，最终创造使用价值的一种手段和方式，可以说，劳动操作过程是劳动价值得到真正展现的核心与关键，没有操作也就没有了劳动；换句话说，劳动离不开劳动操作，劳动操作亦即劳动本身。

商品经济条件下的劳动操作主要表现为商品生产的过程，亦即劳动过程与价值形成过程的统一，集中体现为一种劳动过程与价值增值过程的统一。劳动操作可以分为简单操作与复杂操作（亦即简单劳动与复杂劳动）两种类型，前者指在一定社会经济条件下不需要经过专门训练且每个普通劳动者基本都能够从事的行为活动，后者则着重强调需要经过特别的学习和训练；二者根据劳动技能质量水平的高低进行划分，在同等劳动时间内所形成的价值量是不同的，但其相对于劳动过程本身而言是同等重要的。也就是说，劳动操作需要借助各种不同的方式和手段才能实现劳动的目的，尽管不同的劳动操作方式所需要的技术、技能水平不尽相同，但其都具有同等不可或缺的作用。简单劳动不会被复杂劳动所取代，相反，二者是相互依存、相互促进、相互影响的关系。

（二）劳动操作的要素

人们从事劳动活动以实现物质资料的生产，劳动操作是实现劳动活动的必备方式和手段，也是必需的过程。简单来看，劳动操作过程至少具备三个要素，即劳动本身、劳动资料以及劳动对象。劳动资料和劳动对象的总和即生产资料，生产资料是人们进行物质资料生产所必需的物质条件。劳动过程即劳动本身、劳动资料和劳动对象三要素相结合、相统一的过程，最终目的在于改造劳动对象，使之满足人们的需求，同样的，人本身也正是在这样的劳动过程中获得改造与发展。

属于劳动操作的各要素对于整个劳动过程而言具有不同的意义和作用。劳动本身是劳动过程的决定因素，其根本在于劳动本身是由具有理性的存在者（即人）所从事的有目的有意义的行为活动，这样的行为本身具有了比动物本能更高级的理性存在。劳动资料和劳动对象是劳动过程的核心组成因素，劳动过程本身就是一种劳动资料和劳动对象的消耗过程，人们通过劳动资料作用于劳动对象，在劳动过程中消耗一部分原有产品的同时又生产出新的产品，随即这些新的产品一部分进入消费领域，而另一部分又将重新进入新一轮劳动过程之中，即再次作为新的劳动资料和劳动对象，这就是劳动操作的循环往复，也是劳动过程的无限循环。

（三）劳动操作中存在的问题

劳动操作强调的是实践层面的技术技能运用，无论从事任何劳动都有属于其特定的操作规程即操作规范，旨在确保劳动全过程的安全有效，相关从业人员也必须熟知且严格遵守操作规程。相反，倘若在劳动生产过程中不遵守操作程序和规则，将存在很大的安全隐患，甚至带来危险。从日常来看，劳动操作存在各种不规范的行为和操作，值得引起关注。

1. 对安全标准化规定的认识不够

随着科学技术的不断发展，科学发展水平越高则对技术操作的要求也就越高，作为操作规程也将随之发生更改。然而，人们往往容易忽视这种新的规程或变化，认为只要能够完成实际操作任务和需要即可，那些条条框框的安全规定都是没有用的，甚至有些工艺或操作流程是不存在安全标准化规定的，技术过硬、能够保证工作任务完成才是最重要的。因此，在实际操作层面，人们对于安全标准化规定往往流于形式，对其认识、学习和重视程度完全不够。

2. 对现场标准化建设的重视不够

安全规范的技术操作需要标准化的管理、检查、流程、场地等各要素予以保障，其中场地的标准化建设容易被忽略。一方面，由于现场设备可能较多，对设备的要求又很高，加之很多设备可能更新换代非常快，诸多企业和单位往往很难真正满足标准化的工作要求。另一方面，一些企业认为只要能够确保工作进度的完成和工作质量，现场建设是否达到硬性标准也就不重要了，加之成本与利润等因素，使得现场达到标准化建设困难重重。

3. 对操作标准化运用的实践不够

规范劳动操作即操作的标准化问题。只有操作的标准化才能保证每一位劳动者在劳动过程中以安全的方式进行工作。每个劳动者在工作之前都要进行安全培训、操作规程培训等学习，他们都是获取了培训合格证之后才上岗实践操作的。然而，一旦进入工作过程中，特别是遇到各种新的或复杂的问题时，那些曾经学习过的操作规程往往会被遗忘，真正严格按照操作手册或操作方式进行的就变得很少，有时为了提高效率甚至会省去某些流程，这就导致实际操作存在一定的安全隐患。

（四）劳动操作的规范化路径

规范劳动操作具有非常重要的意义，有助于确保安全生产，在日常劳动行为和过程中，我们必须重视对劳动操作规范化的建设。

1. 完善体制机制建设

为了确保能够切实规范劳动操作，需要成立专门的安全操作规程部门或安全监督部门，分别由设备管理、生产安全管理、维修维护等部门负责人组成，执行各种工作的安全管理和规范管理的制定。作为安全监督部门，不仅需要真正做到规范化的劳动操作，更要求利用科学的方法对岗位、设备等一切可能存在安全隐患的部分和环节进行定期和不定期检查及监督，同时聆听各方工作人员特别是从事一线工作的劳动者的反馈信息，在工作实践中完善安全监督的各个环节。

2. 建立健全制度体系

根据安全监督部门的调研意见以及发现的各种问题，结合实际工作情况开展标准化管理制度或管理办法的制定。值得注意的是，标准化劳动管理制度必须同时兼顾安全要求和实际操作的可能性，必须紧密结合劳动对象情况展开理论分析和实践调研，由此制订标准化建设计划，不断健全完善制度体系。对于规范化劳动管理等相关制度的出台与实施，需要针对不同人员对安全操作规程进行培训，进而保障各项规程能够真正落实落地，并且根据不同的操作需要和技术要求，进一步制定相关细化的操作规范。

3. 建立细化劳动操作手册

规范化的劳动操作须细化为具体的执行手册，即操作层面的规范。在规范化制度体系之下，探索制定具体的执行办法，既要遵从安全第一的原则，也要具有可行性与可操作性，因为一切制度和规定的制定都要落脚于实践层面。这就要求劳动操作手册的编制应具有全面性、科学性、合理性与实践性，在制定过程中要特别考虑具体执行者的操作可行性，也就是说，只有能够运用于实践的劳动规范手册且保证其在实践中发挥作用，才是有意义、有价值的。

4. 建立劳动安全预警机制

在劳动操作过程中，如果说体制机制和制度体系建设是宏观层面的保障，劳动操作手册的编制是中观层面的具体执行，他们都是事前需要考虑的因素，那么建立预警保障或安全反馈就是事后的强化。通过对劳动操作具体情况的反馈，能够有效评估劳动操作制度是否合理有效，劳动操作手册是否存在漏洞，进而通过实践检验寻找更加完善的举措，这就是预警反馈保障的重要性。与此同时，还应注意外部环境的设置与提醒等保障措施，如建立提醒工作人员佩戴安全帽、禁止使用明火、佩戴护目镜等警示牌或标语。这些无疑都是规范劳动操作行为的有效方法，我们需要在具体的实践劳动和工作环境中去不断发现和总结。

劳动人物

廖明：默默奉献的北京地铁司机

51 岁的廖明在北京市地铁公司坚守了 29 个年头，同时安全行车 29 年，成了“北京地铁 90 万公里安全行车里程第一人”。

2003 年，北京地铁 13 号线使用新型列车，改变了以往列车的控制操纵模式。已经 40 岁的廖明，在短时间内，不仅掌握了新型列车的操纵方式和基本知识，还创造出了处理列车故障的方式。他发现司机室的车门由于开关次数多，经常产生开关出现障碍的现象，影响乘客上下车和到站时间，跑车时就随身携带一个装黄油的盒子，平时在锁舌上抹点黄油，润滑车门。这种方法简单易行，很快在北京市地铁公司得到推广。

知识链接

规则是运行、运作规律所遵循的法则。规则指由群众共同制定、公认或由代表人统一制定并通过的，由群体里的所有成员一起遵守的条例和章程，劳动规则规范亦是如此。有一次，刘少奇同志去散步，走到某炮兵阵地，想进去看看。站岗的战士不让进。随行人员上前对战士说："少奇同志想去看看阵地。"战士认真地说："上级有规定，要有上级指示才能看。"随行人员很生气，刘少奇同志却没有生气。反而笑着说："回去吧！"说着就往回走。一边走一边告诉随行人员："回去告诉那个战士的领导，不要批评他，他做得很对。"后来部队领导知道了，要批评那个战士，刘少奇同志再次让工作人员转告部队领导："这个战士认真执行规定制度，不仅不应批评，还应该表扬。"

主题三
劳动保护

社会主义制度的建立给我们开辟了一条到达理想境界的道路，而理想境界的实现还要靠我们的辛勤劳动。

——毛泽东，《毛泽东著作专题摘编（下）》，2093 页，中央文献出版社，2003 年

知识图谱

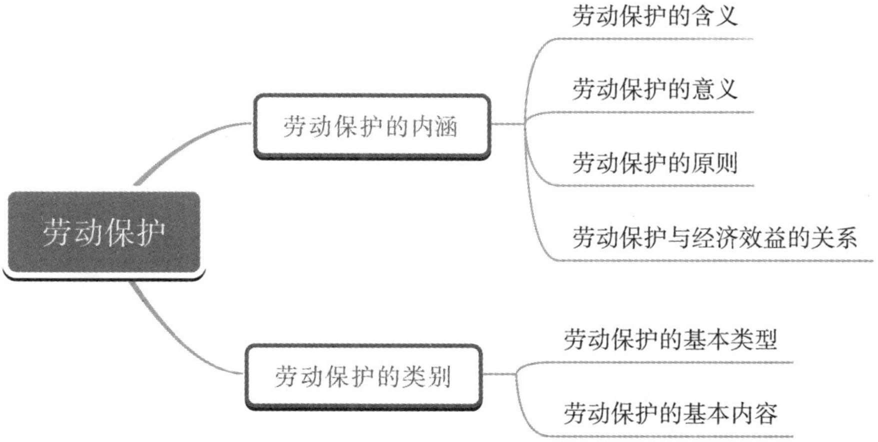

关键词 劳动、劳动者、保护、权益

案例导入

小李从四川农村到北京打工，经老乡介绍，在一户人家当保姆。工作前雇主许诺的报酬待遇以及其他方面的条件都不错，小李就同意了这份工作。但是，在雇主家干了 2 个月后，雇主并未落实原来应允的报酬条件和待遇，还布置了不属于她工作范围的工作。小李决定不干了，要求雇主按约定支付劳动报酬。雇主不仅没有给小李工钱，还说她干不好工作，经常弄坏家里的东西，应从工钱中扣除以作赔偿。双方争执无果，于是小李就向当地劳动争议仲裁委员会申请了仲裁。结果仲裁委驳回了小李的申请。

读完这则案例，你有什么想法?

一、劳动保护的内涵

在经济全球化发展和竞争日趋激烈的今天，劳动力市场不断扩大，劳动关系更加复杂，劳动阶层的现代化和多元化发展趋势日益凸显，这就无疑对劳动保护提出了更高要求。如何有效保护社会各阶层、各层级的劳动者权益，是新时代新环境之下对劳动保护提出的新要求。

（一）劳动保护的含义

劳动保护，从其字面意思来看，就是对劳动的保护。那么，具体从其内涵与外延而言，应当如何理解呢？劳动保护具有广义和狭义之分，广义的劳动保护是一种理念、一种思想和一种态度，是指对凡是与劳动相关的人、事、物的一种尊重与保障；狭义的劳动保护则是一种形式和法律上的保护，是指国家为保护劳动者在从事生产劳动过程中不受侵害而制定的法律法规，也包括企业和单位针对劳动者基本权益的保障而制定的规章举措等。

我们这里所讲的劳动保护主要是从狭义层面来理解的，即根据国家所制定和颁布的法律法规，具体落实于各单位各部门，通过采取一系列积极的举措，避免可能危及人身安全、健康和其他基本权利的一切不良条件和行为的存在。劳动保护是劳动者从事一切劳动活动和行为的基本保障，包括其在生产劳动过程中涉及的有关劳动安全、劳动卫生、工作时间、女职工保护、未成年工保护等多方面内容。通过对劳动者所享有的基本权利的明确规定，进而全面保障劳动者更好地从事生产劳动，既有利于保障其个人权益，又有利于提高劳动生产率，促进各项事业有序健康发展。

（二）劳动保护的意义

劳动保护无论对于个人、集体还是国家都具有重要意义，它是我们党和国家的一项基本政策，是坚持社会主义制度的本质要求，也是发展生产力、促进经济发展的一项根本性保障举措，还是新时代中国特色社会主义精神文明建设的重要组成部分。

1. 劳动保护是国家以人为本的具体体现

我们的党和国家一直以来都非常重视对劳动者的权益保障和劳动环境的改善。社会主义制度建立之初，国务院就接连出台了《工厂安全卫生规程》《建筑安装工程安全技术规程》《工人职员伤亡事故报告规程》等规章制度，其中明确提出了加强劳动保护，认真贯彻安全第一、预防为主的方针，以强化劳动安全监察工作，努力改善相应的劳动环境和条件。劳动保护相关法律法规越来越健全，新时代劳动者主人翁意识和地位得到显著提升，这是我们社会主义国家坚持以人为本的具体体现，切实保障人民的生命健康权，体现了我们国家切实从法律层面维护一切劳动者的合法权益。

2. 劳动保护是社会有序运行的重要基础

整个社会的有序健康发展离不开各行各业劳动者的辛勤劳动与付出，单位和企业落实劳动保护的情况将直接影响每位劳动者的切身利益。在国家层面相关劳动法律法规基础上，各单位和企业随之确立具体的劳动规章制度，由此将法律法规真正落实于实处。新时代中国特色社会主义现代化建设，需要依靠每位劳动者的实践工作来创造。只有充分保障劳动者合法权益，为其提供更安全的、更好的劳动条件和环境，才能更好地消除劳动者的后顾之忧，才能更有效地激发其劳动积极性和热情。

3. 劳动保护是个人健康发展的基本前提

劳动保护的出发点和落脚点都是人，是每一位实实在在从事生产活动的劳动者，劳动保护的直接对象就是劳动者个人。因此，劳动者个人利益能否得到切实维护，劳动者生命健康安全能否得到保障，都要直接依靠劳动保护政策与举措是否得当，是否切实落到实处。凡是涉及人身安全和人民生命健康权的事情都不是小事情，国家的发展和社会的进步都离不开个体的健康发展，反过来，个人的成长与发展也离不开国家和社会的发展与进步。劳动保护立足于劳动者自身，以劳动者个体为出发点，又以劳动者个体为落脚点，真正体现着对劳动者的尊重与保护。

（三）劳动保护的原则

劳动保护应始终坚持安全第一、预防为主的原则。第一，劳动保护永远要坚持安全第一位原则，任何时候安全都是最重要、最基本的原则，这就要求各单位各部门应始终将安全作为生产经营和自身发展的首要因素，任何其他因素包括经济因素都不应也不能凌驾于安全之上；当工作效益与安全发生矛盾时，应毫不犹豫首先确保安全，这是基本原则，也是底线原则。第二，任何劳动保护都是防患于未然的存在，不能等到真正发生了危险才去处理，必须做好事前的预判与预防工作，通过各种措施加强预防，重点将事故和危险的事后处理转变为事故和危险的事前控制，由此确保可能存在的安全隐患和危险不出现、不发生。第三，生产活动与安全管理必须同向并行，也就是说，从事生产活动的每一个环节和全过程都必须确保安全管理随时在场，安全管理随劳动任务内容的变化而变化，因劳动活动之要求而不同，二者应随时保持一个高度统一的整体，坚持安全和生产一起抓，在每个环节都要增设安全这一部分。第四，安全应具有一票否决权，这是再次强调安全管理之重要性。在对一个单位（企业）管理情况进行衡量和考核等过程中，必须结合其安全工作一同加以考量，在涉及升级、评定等各环节中，安全不仅作为重要考虑因素，同时应成为具有“一票否决权”的特殊因素，只要安全不过关，一切都无从谈起。

（四）劳动保护与经济效益的关系

谈到劳动保护，有人也许会提出疑问，一味地强调劳动保护会不会影响劳动效益呢？特别是企业的经营都是以营利为目的，那么应该如何协调好二者之间的关系呢？

一般情况下，劳动保护对于企业经济发展具有积极促进作用，对劳动者的保护保障工作做到位，积极提升了劳动者做事干事的热情，特别是解决了劳动者的后顾之忧，可以使其更加专心、踏实地投入工作中。只有真正为职工特别是处于基层的劳动者着想的企业，才能够真正赢得人心，才能够真正实现其长久健康发展。然而，也有一些特殊情况的存在，劳动保护举措可能会导致一些劳动者因为已经享有了基本权利保障，于是出现好吃懒做、不思进取的混日子现象，由此带来的问题和困难也是很明显很突出的。针对这种情况，如何在保证劳动者合法权益的前提下提高企业生产效率、创造更大的社会价值呢？

劳动保护与提高经济效益是不冲突的，它们之间并不是矛盾关系的存在。相反，加强劳动保护有利于持续推进企业社会效益的提高，而不断提高的社会效益也有利于推进劳动保护更加全面和完善。我们知道，劳动保护坚持以人为本的原则，只有人才是创造价值和财富的主体，保护劳动主体不受侵害是对劳动本身的尊重，更是对劳动者的尊重，所以坚持劳动保护原则是一条底线要求。至于有些特殊情况导致的阻碍企业生产等情况的出现，其本身不是因为劳动保护有问题或有错误。换句话说，究其阻碍了企业生产效率、经济效益等的原因，并不是劳动保护本身带来的，而是因为在实行劳动保护过程中的方式方法或举措出了问题。举一个例子，这就如同很多人犯了大错都是因为贪钱，可是这并不能认为是钱的错，钱本身并没有错，有错的应该是贪钱的人。基于此，劳动保护本身就是保障企业持久发展的重要因素，其初衷与归宿都是劳动者本身，带来的最直接结果就是通过人创造各种价值。这就需要企业不断探索合理的劳动保护方法，通过寻找适合自身发展的路径，使其最大程度地推动企业乃至全社会向着良好的方向发展。

通过以上我们对劳动保护相关概念的梳理与阐释，相信大家对于劳动保护一定有了较为全面的认识，加强劳动保护是全社会应该予以重视的基本原则，作为劳动者也应学会勇于拿起法律的武器维护自身的合法权益，这还需要我们的共同努力。

劳动面面观

唐小姐任职于一家外企。当初与公司签订的劳动合同为一年期，从 2002 年 4 月 21 日至 2003 年 4 月 20 日。合同期间，双方履行比较顺利。到期后，双方继续按照原合同的约定保持了劳动关系，但是双方没有再签订劳动合同。2003 年 6 月份，唐小姐与公司的直属主管发生争执，引起了主管的不满。6 月 8 日，公司人事部通知唐小姐，说是双方之间的劳动合同已经到期，公司无意再与唐小姐保持劳动合同关系，故通知唐小姐于即日就进行工作的交接，并要求唐小姐从此不要再去公司上班，并明确告知唐小姐，由于劳动合同已经到期才进行的终止，所以不支付其任何经济补偿。唐小姐感到十分愤怒，来至某律所，进行咨询并要求了代理。

热点讨论：

1. 双方之间的劳动合同是否已经终止了？

2. 双方的劳动关系是否已经终止了？

二、劳动保护的类别

（一）劳动保护的基本类型

从劳动保护自身及其实施举措而言，劳动保护可以分为宏观层面和微观层面两大类，前者即组织措施，侧重于强调宏观层面的制度规章等制定与完善；后者即技术措施，着重强调微观层面的实践操作与运用技能等。

1. 宏观层面的劳动保护

第一，建立健全相关体制机制。建立健全体制机制建设，是劳动保护实施的机制保障，只有健全的劳动保护机制，才能有效保证劳动保护的实施与开展。如在国家层面，设置劳动保护国家检察员，从顶层设计劳动保护框架与总举措，主要负责监督和检查各省相关部门在安全卫生技术标准、作业操作规程标准等相关劳动保护方面的设置与制定情况，采取定期与不定期抽查、考核并通报，从宏观层面进行把控。各省市、各单位（企业）都应建立劳动保护相关专门机构予以保证其实施，各部门在其单位（企业）劳动保护机构的监督和检查之下，具体细化各项劳动保护细则，特别是涉及专业技术技能操作方面的规定，需要相关专业人员才有资格制定安全标准。通过体制机制的建立健全，逐渐形成一个纵向衔接的劳动保护网络，最终实现对基层劳动保护工作的层层监督机制。

第二，制定并完善相关法律制度。相关法律和规章的制定和完善，是劳动保护实施的制度保障，只有建立完善的劳动保护制度，才能使劳动保护有法可依。劳动保护相关法律法规所涉及的内容是方方面面的，但其最根本的应该在于执行层面，也就是说，法律法规能不能有效实施的关键在于对其执行的规定。如在各单位（企业）、各部门中，无论是对其管理人员，还是针对每一位劳动者，都应明确规定工作职责和岗位职责，而其中包含安全、休假、薪酬待遇等在内的劳动保护内容是不可或缺的一部分。换句话说，在任何一个单位（企业）和部门，对于劳动安全、劳动卫生、技术标准、操作规程等的规定都是必须具备的，这是完善相关法律制度的需要，也是劳动正常开展的前提要求。

第三，加强相关研究的探讨。新时代随着中国特色社会主义市场经济的快速发展，我国劳动力市场呈现诸多新的变化，与之相适应的劳动关系也出现更加多样化、复杂化趋势。面对新的变化与新的问题，更多有关劳动保护的新问题也不断出现，这就要求对劳动保护的相关研究要不断丰富和深入。一方面，加强相关理论研究，即劳动保护相关制度规定应不断创新完善，需要适应当今社会的发展需求并能够切实解决当下存在或可能存在的各类问题；另一方面，加强相关实践探索，即劳动保护实施过程中所需要依赖的先进科学技术、相关设施设备、最新监测仪器等，这些都能为劳动保护的实施提供有利条件。

第四，广泛开展宣传教育。劳动保护绝对不是某个单位、某个部门、某个人或某几个人的事情，而必须是全体劳动者共同重视和关注的问题，因为它关系到每个劳动者的健康安全和切身利益。基于此，广泛开展劳动教育和劳动保护宣传，加强劳动保护培训与教育尤其重要，并且具有特殊的意义与价值。劳动保护教育和宣传的目的在于能够使劳动及其保护问题引起大家的重视，能够使劳动保护观念深入每个人的思想意识和行为活动中，进而在全社会形成尊重劳动、热爱劳动、积极劳动且遵守劳动规章制度、严格劳动行为规范的新时代良好风尚。值得注意的是，对劳动及其保护的宣传教育对象应涵盖各个阶层、各个领域、各个行业和各个岗位的劳动者，只有普遍接受、认同且执行劳动规章制度，才是其真正价值和意义的体现。

2. 微观层面的劳动保护

劳动保护的微观层面，即从劳动保护的技术措施方面来看，也就是对具体实践操作过程中所出现的关于技术运用等方式手段的保护。具体到实践操作层面，不同的劳动有不同的要求，也有不同的劳动保护要求，需要根据不同的工作类型和内容制定不同的劳动保护预防措施。

比如，对于从事烟火生产的劳动者来说，劳动保护的预防就是将防止发生火灾和爆炸作为重点；对于从事机械操作的劳动者来说，其最重要的就是防止机器在运行过程中伤害到劳动者；对于从事化学危险品的劳动者来说，劳动保护的关注点侧重于是否对人体有害以及防护措施是否得当；对于从事高强度、长时间作业的劳动者来说，则应充分考虑其工作时长以及身体状况，不得超负荷工作；对于从事飞行员或其他具有特殊要求的劳动者来说，视力因素、听力因素、身体素质等都是在劳动保护范畴所应考虑的情况。

综上所述，微观层面的劳动保护技术措施需要具体问题具体分析，针对不同的劳动类型、劳动对象、劳动内容、劳动强度、劳动要求等，分类采取不同的劳动保护措施，这是对劳动保护提出的具体要求。

（二）劳动保护的基本内容

劳动保护的内容涉及方方面面，主要包括在劳动生产过程中对劳动者主体及其安全、健康等基本权利的保护，如劳动安全保护、劳动卫生保护、未成年人保护、女性劳动者保护等。

1. 劳动安全保护

对劳动者安全的保护旨在防止和消除劳动者在劳动生产过程中的一切可能存在的危险，在保护劳动者的同时也包括对劳动工具、设施设备等的保护。根据《中华人民共和国劳动法》及其相关法律法规，在劳动安全技术规程方面主要包括机器设备的安全、电气设备的安全、锅炉压力容器的安全、建筑工程的安全、交通道路的安全等，对于安全技术规程的规定要求各单位（企业）必须确保所有的生产劳动条件和设备达到安全标准，进而保障每一位劳动者的劳动安全。

2. 劳动卫生保护

劳动卫生保护主要是指劳动者在生产劳动过程中避免有毒有害物质等一切可能对人体健康产生危害的因素。我国相关劳动卫生保护的法律法规有《中华人民共和国环境保护法》《工厂安全卫生规程》《国务院关于加强防尘防毒工作的规定》《关于防止厂矿企业中粉尘危害的决定》《工业企业设计卫生标准》《工业企业噪声卫生标准》《防暑降温措施管理办法》《中华人民共和国尘肺病防治条例》等，其中就明确提出防止有害有毒物质的危害、防止粉尘危害、防止强光和噪声危害、确保通风和照明、防暑降温和防寒取暖、个人保护用品供给等规定，各单位（企业）必须达到规定的相关卫生标准才能开展劳动生产活动，任何劳动不能以伤害劳动者身体健康为代价。

3. 特殊保护

对于特殊劳动群体的保护也是劳动保护的重要内容，主要包括未成年人（指年满 16 周岁不满 18 周岁的劳动者）、女性劳动者等。《中华人民共和国劳动法》第五十八条明确规定："国家对女职工和未成年工实行特殊劳动保护。"对女职工的保护明确提出，不得从事矿山井下国家规定的第四级体力劳动强度的工作，不得在经期从事高空、低温、冷水作业和国家规定的第三级体力劳动强度工作，不得在怀孕期间或哺乳未满一周岁婴儿期间从事国家规定的第三级体力劳动强度和孕期及哺乳期其他禁忌从事的工作；怀孕七个月以上的女职工不得延长其工作时间以及从事夜班劳动；女职工生育享受不少于九十天的产假等。

对于未成年劳动者法律明确规定，基于未成年人身体还没有完全发育成熟，所以不得从事对生长发育和身体健康存在危害或潜在危害的工作，如不得从事矿山井下有毒有害工作、不得从事重体力工作、不得从事高空作业、不能从事森林伐木及流放作业、不得从事放射性物质超标以及其他可能会影响生长发育的工作；同时规定要对未成年劳动者进行定期检查，提倡未成年劳动者尽可能不要过早参加工作，鼓励未成年人参加相关职业技能培训，在学习和掌握一定的知识和技术技能之后再从事相关工作。

劳动人物

"80后"产业工人用科技革新改进生产力

"无论时代如何变化，劳动创造价值永远是推动经济社会发展的基础。只有大家齐心协力地劳动，才能不断地创造价值，推动历史的车轮往前走。""80后"产业工人秦世俊在参加完劳模表彰大会后说。

秦世俊参加工作14年，累计完成25年的工作量，实施技术创新并提高生产效率1至8倍。"我庆幸自己的工作有一个踏实的起点。"在中航工业哈尔滨飞机工业集团，秦家"两代劳模"的故事为人们津津乐道。秦世俊的父亲曾被评为公司十大劳模之一。如今，儿子青出于蓝而胜于蓝了。

一身臭汗、满襟油泥，是父辈们的车工形象。秦世俊说："与父亲不同的是，现在产品加工靠软件控制、智能化操作，不仅劳动环境、强度大大改善，而且加工精度和工作效率也成倍提升。"

尝到了超越父辈的甜头，秦世俊在追求数控加工的道路上越走越远。他研究出"逆向思维、反向采点"的加工腹板新方法，将生产效率提高了8倍，一次交检合格率达到100%。在加工新机型尾减安装平台时，他创新的方法让零件加工周期一次性大幅缩短，加工成本降低了75%。

"工作条件越来越好、效率越来越高，这样的变化说明国家在发展、社会在进步。"工作13年就当上高级技师的秦世俊接着说："但不论怎样，脚踏实地、爱岗敬业的基础不能丢，在这样的'变'与'不变'之间，年轻工人一代才能走好现代工业之路。"

知识链接

1994年7月5日第八届全国人民代表大会常务委员会第八次会议通过《中华人民共和国劳动法》；2009年8月27日第十一届全国人民代表大会常务委员会第十次会议通过《全国人民代表大会常务委员会关于修改部分法律的决定》；2018年12月29日第十三届全国人民代表大会常务委员会第七次会议通过《全国人民代表大会常务委员会关于修改〈中华人民共和国劳动法〉等七部法律的决定》。

第五部分 基本的劳动法规

>> 学习目标

- ◆ 认识基本的劳动法律法规，了解劳动者权益保护的相关规定。
- ◆ 能够对劳动法的立法目的和宗旨形成正确认知，并学会用劳动法律法规解决劳动纠纷。
- ◆ 做到心中有法，尊法、学法、守法、用法，做一个新时代懂法守法的劳动者。

>> 知识图谱

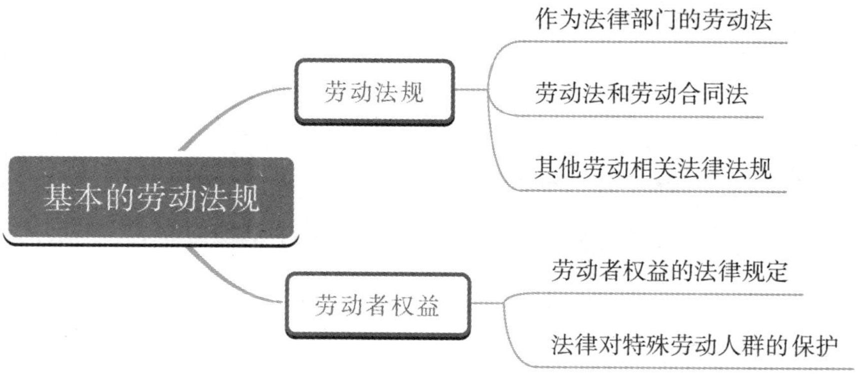

>> 思想火花

为什么要对女性劳动者进行一些特殊的法律保护呢?

主题一 劳动法规

为了保护劳动者的合法权益，调整劳动关系，建立和维护适应社会主义市场经济的劳动制度，促进经济发展和社会进步，根据宪法，制定本法。

——中华人民共和国中央人民政府，《中华人民共和国劳动法》，2005 年 8 月

为了完善劳动合同制度，明确劳动合同双方当事人的权利和义务，保护劳动者的合法权益，构建和发展和谐稳定的劳动关系，制定本法。

——中华人民共和国中央人民政府，《中华人民共和国劳动合同法》，2007 年 6 月

扫二维码

资源 5-1：主题导入

知识图谱

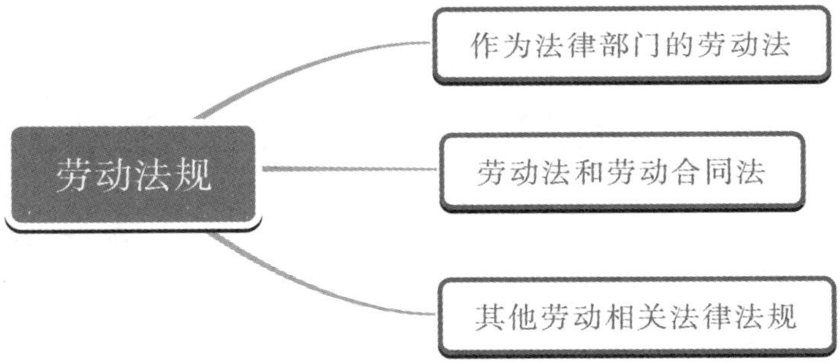

扫二维码

资源 5-2：案例导入

关键词 劳动、创造、尊重

案例导入

国内首部地方性健康法规，《深圳经济特区健康条例》已于 2021 年 1 月 1 日在深圳正式实施，其中明确提出推行“强制休假”制度，为带薪休假立法。（请扫码观看视频）

一、作为法律部门的劳动法

劳动法是调整劳动关系以及与劳动关系有密切联系的其他社会关系的法律规范的总称。劳动法是资本主义发展到一定阶段而产生的，19世纪以来，随着工业革命的发展，劳动法在各国的法律体系中日益占有重要的地位，并逐渐脱离民法而成为一个独立的法律部门。

（一）劳动法的产生背景

工业革命在推动社会生产力进步的同时，也带来了劳动关系的普遍化。最初，劳动力雇佣完全被视为财产关系由民法来调整，遵循民法意思自治、合同自由的原则。但劳资双方地位在事实上并不平等，资本的巨大支配力很容易使劳动者依附于资本、无法自主，劳动者相对于资本而言总是处于弱势地位。实际中，合同自由就此变成了雇主一方的自由，而非劳动者的自由。在自由资本主义时期，劳动者长期忍受着恶劣的工作条件和超长的工作时间，领取吃不饱、饿不死的“饥饿工资”。随着工人运动的发展，欧洲各国爆发无产阶级革命，劳工问题成为各国政府关注的社会问题。

欧洲三大工人运动，即法国里昂丝织工人两次起义、英国宪章运动、德国西里西亚纺织工人起义。19世纪三四十年代，法、英、德等国无产阶级开展了独立的政治运动，主要表现就是发生了著名的三大工人运动。三大工人运动的新特点，表明无产阶级作为独立的政治力量登上了历史舞台（见图5-1，图5-2）。

图5-1　欧洲工人运动

1802年，英国议会通过了世界上第一部劳动法——《学徒健康与道德法》，禁止纺织厂使用9岁以下的学徒，并规定工作时间每日不得超过12小时，同时禁止从事夜班劳动。

图5-2　19世纪的工人

调整处于强势地位的资本家与处于弱势地位的劳动者之间的关系，需要冲破民法理念和制度的束缚，寻求公共权力的介入，这种努力的结果促使大量以最高工时、最低工资、职业安全等为内容的劳动立法的出现。在无产阶级劳动者的不懈斗争下，劳动法的兴起成为 19 世纪末 20 世纪初以来各国法律发展的重要内容，公共力量（国家）和社会力量（工会）在平衡劳资关系上的作用日益强化。

（二）劳动法的性质和内容

20 世纪以来，特别是第二次世界大战以后，在传统的公法和私法划分的基础上出现了介于公法和私法之间的第三种法域——社会法。社会法是指为解决社会问题而制定的、具有普遍社会意义的、以社会利益为本位的法律，其目的是维护社会弱势阶层的生存及增进社会整体的福利。

由于劳动关系是具有普遍意义的社会关系，劳工问题与社会的整体利益有着密切联系。劳动法的立法宗旨就是协调劳资关系，保障劳动者的劳动权利，提升劳动者的社会地位，它代表了社会大众的普遍需求和社会发展进步的共同价值取向。劳动法以谋求劳动者的整体利益为己任，因此具有浓厚的社会法色彩。

各国劳动法的表现形式不同，但大都包括以下基本内容：劳动就业法、劳动合同法、工作时间和休息时间制度、劳动报酬、劳动安全与卫生、女工与未成年工的特殊保护制度、劳动纪律与奖惩制度、社会保险与劳动保险制度、职工培训制度、工会和职工参加民主管理制度、劳动争议处理程序以及对执行劳动法的监督和检查制度等。

劳动面面观

劳动合同法的立法宗旨之争

《劳动合同法》是一次破纪录的立法，从立法机构收到的意见数量来看，自 2006 年 3 月 20 日开始到 2006 年 4 月 20 日截止，短短一个月内，全国人大共收到各地人民群众意见 191849 件，远超在此之前的另一个争议极大的法案《物权法》。

对于《劳动合同法》的立法宗旨的争议尤为激烈，因为这关系到《劳动合同法》相关条款的设计。《劳动合同法》颁布前，一大部分劳动法学者认为，《劳动合同法》应当是“单保护”，即只保护劳动者。因为劳资双方是不平等的关系，劳动者是弱势，所以《劳动合同法》

应该是保护劳动者的利益。与单保护相对应的是"双保护"，该观点主张劳动合同也是合同，双方应当是平等的，所以《劳动合同法》应该是保护劳动者和用人单位双方的，即双保护。持"单保护"的学者占大多数。

最终《劳动合同法》采取了折中的办法，从构建和谐劳动关系角度出发，明确双方的权利义务，对劳动者的合法权益进行着重保护。

二、劳动法和劳动合同法

1995年1月1日起施行的《中华人民共和国劳动法》(以下简称《劳动法》)，2008年1月1日起施行的《中华人民共和国劳动合同法》(以下简称《劳动合同法》)是21世纪以后我国市场经济发育逐渐成熟时期制定的劳动法律，在立法层级上与《劳动法》相同。实践中《劳动法》与《劳动合同法》是我国目前最重要、使用频率最高的劳动法律。

(一)劳动法

作为受马克思主义理论指导的无产阶级政党，中国共产党很早就注重劳动关系的调整和对劳动者权益的保护。1931年11月中国共产党领导的中华工农兵苏维埃第一次全国代表大会通过了《中华苏维埃共和国劳动法》(见图5-3)。抗日战争时期，各边区政府也公布过许多劳动法令。

图5-3　中华工农兵苏维埃第一次全国代表大会

中华工农兵苏维埃第一次全国代表大会于1931年11月7日至20日在江西瑞金召开，会议宣布成立中华苏维埃共和国临时中央政府。"会议"及大会闭幕后中央执行委员会第一次全体会议，讨论通过了一系列法律、法令、条例、文件，其中就包括《中华苏维埃共和国劳动法》。

中华人民共和国成立后，我国进行过较大规模的劳动立法。(见图5-4)改革开放以后，尤其是我国确定建立市场经济体制目标后，劳

中华人民共和国成立初期的劳动立法	
《中华人民共和国工会法》	（1950）
《关于劳动争议解决程序的规定》	（1950）
《中华人民共和国劳动保险条理》	（1951、1953）
《工厂安全卫生规程》	
《建筑安装工程技术规程》	
《工人职员伤亡事故报告规程》	（1956）

图 5-4　中华人民共和国成立初期的主要劳动法律法规

图 5-5　《劳动法》宣传图

动关系开始市场化。新的《中华人民共和国工会法》《中华人民共和国矿山安全法》《中华人民共和国企业劳动争议处理条例》《国务院关于职工工作时间的规定》等劳动法律法规相继出台，这些劳动法规在调整劳动关系方面发挥了积极作用。1994年7月5日，第八届全国人大常委会第八次会议审议通过《中华人民共和国劳动法》，标志中国劳动立法进入一个新的历史阶段。

作为我国的劳动基本法，《劳动法》第一条开宗明义，明确把劳动者权益放在第一位，确立了劳动关系的基本制度、基本原则。第一，确立了向劳动者倾斜的基本原则，所有用人单位不分所有制统一适用的原则。第二，确立了自主招工、自由择业，协商建立劳动关系的劳动合同制度，集体协商民主审议、及时调整劳动关系的集体合同制度。第三，建立了工时、工资、休息休假、安全卫生等法定劳动基准，劳动监察制度，劳动争议的调解仲裁和诉讼制度，社会保险制度，等等。这些原则、制度需要其他劳动法律法规加以细化和完善，也为后续其他劳动法律法规、劳动规章的制定奠定了基础；为劳动关系双方依法管理、依法维权，为政府相关职能部门依法监管、行政处罚，为执法机关依法审理、强制执行，即劳动立法、守法、执法、司法提供了遵循和依据，实现了劳动关系法治化。《劳动法》已成为中国特色社会主义法律体系不可或缺的重要组成部分。

（二）劳动合同法

劳动合同在保护劳动者各项劳动权益中发挥着关键作用，为劳动者获得劳动报酬、休息休假、社会保险等各项法定权益奠定了基础；也为劳动者实现和保障自身的权益提供了依据。劳动合同的重要性，决定了《劳动合同法》在劳动保障法律体系中处于基础地位。2008年1月1日起施行的《劳动合同法》，是自《劳动法》颁布实施以来，我国劳动和社会保障法制建设中的又一个里程碑。

《劳动合同法》既坚持了《劳动法》确立的劳动合同制度的基本框架，又对《劳动法》确立的劳动合同制度做出了较大修改，使之进一步完善。《劳动合同法》更加强调对劳动者的保护，同时也对保护用人单位合法权益给予了必要的关注，做出了相应的规范。这对于完善劳动合同制度，明确劳动合同双方当事人的权利和义务，保护劳动者的合法权益，构建和发展和谐稳定的劳动关系具有重大意义。

图 5-6 《劳动合同法》宣传图

针对实际生活中存在的许多劳动关系问题，《劳动合同法》做出了相应规定。例如，一些用人单位不依法订立书面劳动合同，滥用试用期和劳务派遣，限制劳动者的择业自由和劳动力的合理流动等。为此，《劳动合同法》加重了用人单位不订立劳动合同的法律责任，对劳务派遣进行了规范，加大对试用期劳动者的保护力度，以弥补《劳动法》的不足。一些用人单位为规避法定义务，不愿与劳动者签订长期合同，劳动合同短期化倾向明显，影响了劳动关系的和谐稳定。为了更好地维护劳动者的就业稳定权，《劳动合同法》在用人单位与劳动者订立无固定期限劳动合同方面提出了更高的要求。

除了保护劳动者权益，《劳动合同法》也综合考虑了用人单位的合法权益。例如，为了保护用人单位的商业秘密，促进创新，促进公平竞争，新规定了竞业限制制度；为了适应企业结构调整、参与市场竞争的需要，放宽了用人单位依法解除劳动合同的条件；其他因劳动合同订立时所依据的客观经济情况发生重大变化，致使劳动合同无法履行的，企业可以依法裁减人员。

为了贯彻实施《劳动合同法》，国务院于 2008 年 9 月公布并施行《中华人民共和国劳动合同法实施条例》，对《劳动合同法》中的相关规定做了整理补充和具体细化，为《劳动合同法》在实践中的运用提供进一步指引。

劳动面面观

劳动争议：总监变前台

陈先生 2006 年 12 月 14 日入职某公司，担任信息管理中心总监职务，解除劳动合同前 12 个月平均月薪为 20205 元。2019 年 6 月，公司将陈先生的职务从总监降级为普通员工，将其办公地点从办公室调整到 8 楼楼梯大厅的前台位置，调岗后的待遇保持不变。

2019 年 6 月 14 日，陈先生通过邮政快递的方式向公司邮寄了一份《关于要求支付赔偿金的律师函》。通知公司其将于 2019 年 6 月 17 日交还门禁卡和其他资料后，不再回公司上班，要求公司支付赔偿金。

双方发生劳动争议。

陈先生申请仲裁要求公司支付违法解除劳动合同的赔偿金 527930 元。仲裁委裁决公司支付陈先生解除劳动合同的经济补偿 262665 元。

热点讨论：

对于陈先生要求公司支付赔偿金的行为，你怎么看？

三、其他劳动相关法律法规

在我国，除了《劳动法》和《劳动合同法》，还有一系列劳动相关法律法规在实际劳动生活中发挥规范作用，以下我们挑选部分使用频率较高的法律规范文件做简要介绍。

（一）其他劳动相关法律

在我国，狭义的法律仅指由全国人大及其常委会审议通过的法律规范文件，其他立法层级的规范文件都属于法规，以下介绍几种劳动相关法律。

1.《劳动争议调解仲裁法》

为了公正及时解决劳动争议，保护当事人合法权益，促进劳动关系和谐稳定，自2008年5月1日起施行《中华人民共和国劳动争议调解仲裁法》(以下简称《劳动争议调解仲裁法》)。《劳动争议调解仲裁法》的颁布实施与《劳动合同法》仅隔数月，几乎是同一时期的劳动法律，时序在后的《劳动争议调解仲裁法》又肩负着完善规范《劳动法》和《劳动合同法》中规定的劳动争议调解和仲裁程序的重任。

《劳动争议调解仲裁法》规定了适用的劳动争议范围、举证责任，规定了劳动争议调解组织、调解员构成、调解申请形式、调解流程、调解协议书的效力及履行保障，规定了劳动争议仲裁委员会的设立和构成，规定了劳动争议仲裁的申请和受理条件、开庭和审理流程，规定了仲裁裁决的效力等，并且规定劳动争议仲裁不收费。

图 5-7 《劳动争议调解仲裁法》宣传图

2.《就业促进法》

自2008年1月1日起施行的《中华人民共和国就业促进法》(以下简称《就业促进法》，共九章六十九条，包括总则、政策支持、公平就业、就业服务和管理、职业教育和培训、就业援助、监督检查、法律责任、附则。

图 5-8 《就业促进法》宣传图

我国的《就业促进法》有几个比较鲜明的特点。第一，政策法律化。《就业促进法》把以往有期限的就业促进政策、在实践中行之有效的政策规范化、制度化、法律化，建立起促进就业的长效机制。第二，旗帜鲜明地反对就业歧视。第三，加大对困难群体的扶持。对于因身体状况、技能水平、家庭因素、失去土地等原因难以实现就业，以及连续失业一定时间仍未能实现就业的人员，就业促进法将其界定为就业困难群体。对这部分群体和“零就业家庭”，法律特别规定了就业援助制度。

3.《社会保险法》

《中华人民共和国社会保险法》(以下简称《社会保险法》)自2011年7月1日起施行。这是一部着力保障和改善民生的法律，它的颁布实施，是我国人力资源社会保障部门法制建设中的又一个里程碑，对于建立覆盖城乡居民的社会保障体系，更好地维护公民参加社会保险和享受社会保险待遇的合法权益，使公民共享发展成果，促进社会主义和谐社会建设，具有十分重要的意义。

社会保险属于劳动者应该享受的福利待遇。《社会保险法》规定职工应当参加基本养老保险、基本医疗保险、失业保险，由用人单位和职工共同缴纳；规定职工应当参加工伤保险和生育保险，由用人单位按照国家规定缴纳。《社会保险法》对于用人单位的各项社会保险职责做出了相应规定。

4.《妇女权益保障法》和《未成年人保护法》

《中华人民共和国妇女权益保障法》(以下简称《妇女权益保障法》)是为了保障妇女的合法权益，促进男女平等，充分发挥妇女在社会主义现代化建设中的作用而制定的。《中华人民共和国未成年人保护法》(以下简称《未成年人保护法》)是为了保护未成年人的身心健康，保障未成年人的合法权益制定的。尽管《妇女权益保障法》和《未成年人保护法》不是典型的劳动法律，但是其中涉及妇女和未成年人的劳动权益保障规定，通常我们也将其纳入劳动相关法律范围。

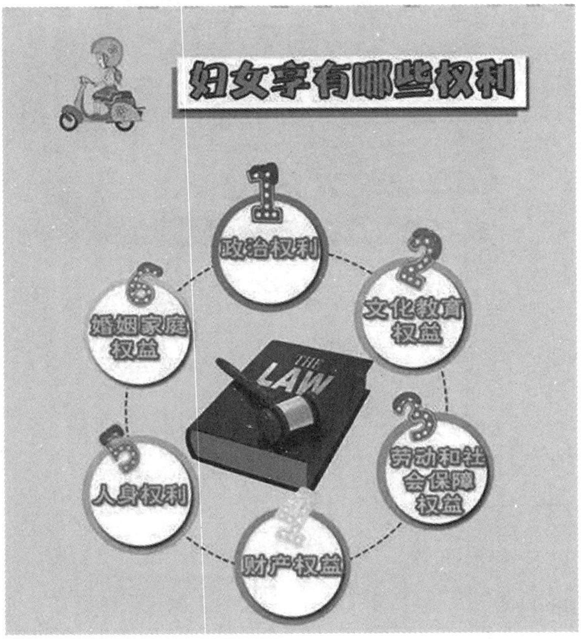

图5-9 妇女享有的权利和权益

《妇女权益保障法》第四章“劳动和社会保障权益”中集中规定了妇女的劳动权益。例如，规定单位录用职工时不得以性别为由拒绝录用妇女或提高对妇女的录用标准，在劳动合同或服务协议中不得规定限制女职工结婚、生育的内容；规定男女同工同酬、享受同等福利待遇；规定在晋职、晋级、评定专业技术职务等方面，应当坚持男女平等的原则，不得歧视妇女；要求用人单位保护妇女在工作和劳动时的安全和健康，不得安排不适合妇女从事的工作和劳动，妇女在经期、孕期、产期、哺乳期受特殊保护，用人单位不得以结婚、怀孕、产假、哺乳等为由，降低女职工的工资，辞退女职工，单方解除劳动（聘用）合同或者服务协议。

《未成年人保护法》第四章社会保护中规定了关于未成年人的劳动保护规定，主要集中在用工方面。如任何组织或者个人不得招用未满十六周岁未成年人，国家另有规定的除外；营业性娱乐场所、酒吧、互联网上网服务营业场所等不适宜未成年人活动的场所不得招用已满十六周岁的未成年人；招用已满十六周岁未成年人的单位和个人应当执行国家在工种、劳动时间、劳动强度和保护措施等方面的规定，不得安排其从事过重、有毒、有害等危害未成年人身心健康的劳动或者危险作业；任何组织或者个人不得组织未成年人进行危害其身心健康的表演等活动。

图 5-10　各方保护未成年人

（二）其他劳动相关法规

1.《工伤保险条例》

为保障因工作遭受事故伤害或者患职业病的职工获得医疗救治和经济补偿，促进工伤预防和职业康复，分散用人单位的工伤风险，国务院于 2003 年制定《工伤保险条例》。2010 年，国务院对《工伤保险条例》做了修订，扩大了工伤保险的适用范围；调整了工伤认定范围；简化了工伤认定、鉴定和争议处理程序；提高了部分工伤待遇标准；减少了由用人单位支付的待遇项目、增加了由工伤保险基金支付的待遇项目等。

其中对工伤认定范围作了两处调整：一是扩大了上下班途中的工伤认定范围，将上下班途中的机动车和非机动车事故伤害，以及城市轨道交通、客运轮渡、火车事故伤害都纳入了工伤认定范围，同时对事故作了“非本人主要责任”的限定；二是根据《社会保险法》的规定，调整了不得认定工伤的范围，删除了职工因过失犯罪、违反治安管理行为导致事故伤害不得认定为工伤的规定，增加了职工因吸毒导致事故伤害不得认定为工伤的规定。

图 5-11　修订《工伤保险条例》宣传图

2.《保障农民工工资支付条例》

为了规范农民工工资支付行为，保障农民工按时足额获得工资，国务院于 2019 年 12 月 4 日通过并颁布《保障农民工工资支付条例》（以下简称《条例》），该条例于 2020 年 5 月 1 日施行。

《条例》为农民工做出基本界定，即为用人单位提供劳动的农村居民，并且从落实主体责任、规范工资支付行为、明确工资清偿责任、细化重点领域治理措施、强化监管手段等方面对保障农民工工资支付作了规定。《条例》明确规定以银行转账或者现金形式支付工资，不得以实物或者有价证券等其他形式替代；要求用人单位按照工资支付周期和具体支付日期足额支付工资，编制书面工资支付台账并至少保存 3 年。《条例》还针对工程建设领域，细化特别规定。规定工程款支付担保、人工费用与工程款分账、工资专用账户、实名制管理、施工总承包单位代发工资、工资保证金等制度。

图 5-12 《保障农民工工资支付条例》宣传图

3.《全国年节及纪念日放假办法》

为统一全国年节及纪念日的假期，1949 年 12 月中央人民政府政务院制定《全国年节及纪念日放假办法》（以下简称《办法》），后经 1999 年、2007 年、2013 年三次修订。

全体公民放假的假日，如果适逢星期六、星期日，应当在工作日补假。部分公民放假的假日，如果适逢星期六、星期日，则不补假。

劳动面面观

依法治欠开启新阶段，农民工权益有保障

“多年来，特别是党的十八大以来，在党中央、国务院的坚强领导下，治理欠薪工作取得了显著的成效，拖欠农民工工资多发高发的态势得到了明显遏制。”原人社部副部长张义全说，2019 年，各地查处欠薪违法案件数、涉及劳动者人数和金额，分别比 2018 年下降 33.1%、50.8% 和 50.4%。

由于一些行业生产组织方式不规范，源头上建设资金不足，治理欠薪制度措施刚性不够，用人单位主体责任、属地政府和部门监管责任没有完全落实到位等原因，拖欠农民工工资问题尚未从根本上得到解决，根治欠薪工作任务依然繁重。

《保障农民工工资支付条例》用法规的方式再次明确了用人单位、地方政府和部门三方的责任。用人单位要通过银行转账或者现金形式支付工资，不得以实物或者有价证券等其他形式替代；地方政府应负属地责任，县级以上地方政府对辖区内保障农民工工资支付工作负责；部门负监管责任，人力资源社会保障、工程建设行业主管部门以及发改、财政、公安等部门依职责承担相应的监管职责。

热点讨论：

关于拖欠农民工工资这件事，你怎么看?

知识链接

《中华人民共和国劳动合同法》

2007 年 6 月 29 日第十届全国人民代表大会常务委员会第二十八次会议通过，根据 2012 年 12 月 28 日第十一届全国人民代表大会常务委员会第十三次会议《关于修改〈中华人民共和国劳动合同法〉的决定》修正

目　录

《中华人民共和国劳动法》

根据2009年8月27日第十一届全国人民代表大会常务委员会第十次会议通过的《全国人民代表大会常务委员会关于修改部分法律的决定》修正，根据2018年12月29日第十三届全国人民代表大会常务委员会第七次会议通过的《全国人民代表大会常务委员会关于修改〈中华人民共和国劳动法〉等七部法律的决定》第二次修正

目 录

第一章　总则

第二章　促进就业

第三章　劳动合同和集体合同

第四章　工作时间和休息休假

第五章　工资

第六章　劳动安全卫生

第七章　女职工和未成年工特殊保护

第八章　职业培训

第九章　社会保险和福利

第十章　劳动争议

第十一章　监督检查

第十二章　法律责任

第十三章　附则

扫二维码

资源5-3：《中华人民共和国劳动法》

主题二
劳动者权益

各级党委和政府要关心和爱护广大劳动群众，切实把党和国家相关政策措施落实到位，不断推进相关领域改革创新，坚决扫除制约广大劳动群众就业创业的体制机制和政策障碍，不断完善就业创业扶持政策、降低就业创业成本，支持广大劳动群众积极就业、大胆创业。要切实维护广大劳动群众合法权益，帮助广大劳动群众排忧解难，积极构建和谐劳动关系。

——习近平，《在知识分子、劳动模范、青年代表座谈会上的讲话》，《人民日报》，2016 年 4 月 30 日

要坚持以人民为中心的发展思想，维护好工人阶级和广大劳动群众合法权益，解决好就业、教育、社保、医疗、住房、养老、食品安全、生产安全、生态环境、社会治安等问题，不断提升工人阶级和广大劳动群众的获得感、幸福感、安全感。

——习近平，《在全国劳动模范和先进工作者表彰大会上的讲话》，《人民日报》，2020 年 11 月 25 日

扫二维码

资源 5-4：主题导入

知识图谱

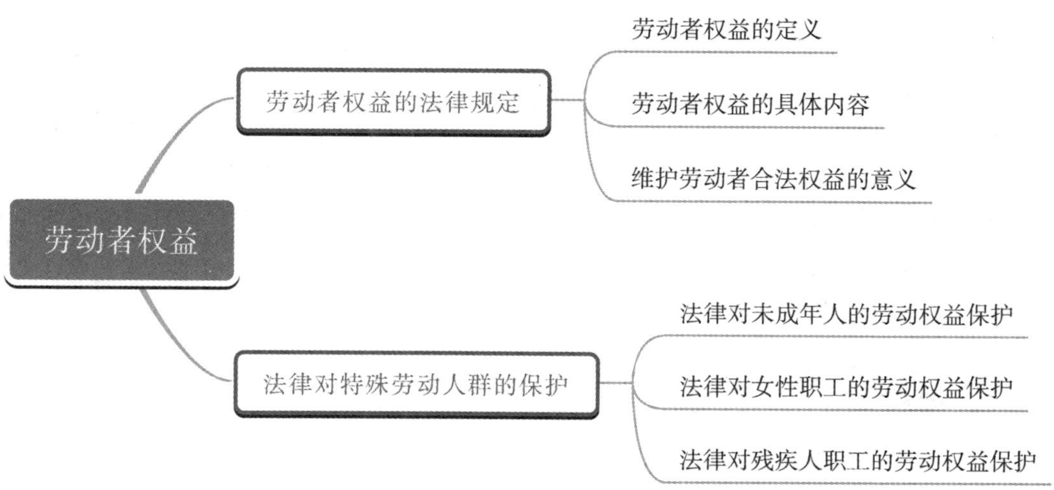

关键词 劳动者权益、特殊劳动人群、法律保护

案例导入

孙某是某高校大一学生，家庭条件比较困难。为了筹措大二的学费，暑假期间，孙某找了一份促销工作和一份兼职录入工作。孙某每天的工作都排得满满的，虽然很辛苦，但一想到开学的学费，孙某就浑身有了力气。然而事实并没有她想象得那么美好。一个月后，其兼职录入的公司依约支付了她的工作报酬，其参与促销的那家公司说促销工资要一个月后才能发。孙某无奈，只能等待。然而一个月过去了，她去索要工资时，却发现该公司人去楼空。孙某气愤难耐，想要去劳动争议委员会申诉。

想一想：大学生打工遭受侵权是否可以依据《劳动法》来维权呢？

扫二维码

资源 5-5：案例解读

一、劳动者权益的法律规定

（一）劳动者权益的定义

劳动者权益指劳动者作为人力资源的所有者，在劳动关系中，凭借从事劳动或从事过劳动这一客观存在获得的应享有的权益，包括平等就业和选择职业的权利、取得劳动报酬的权利、休息休假的权利、获得劳动安全卫生保护的权利、接受职业技能培训的权利、享受社会保险和福利的权利、提请劳动争议处理的权利以及法律规定的其他劳动权利等（见图 5-13）。

图 5-13　法律维护劳动者权益

（二）劳动者权益的具体内容

1. 平等就业和选择职业的权利

《劳动法》设定了劳动者有平等就业和选择职业的权利，具体包括：就业权；平等就业的权利；根据自身

专长选择职业的权利；根据自身志愿选择职业的权利。

2. 劳动报酬权

劳动报酬权是指劳动者依照劳动法律关系，履行劳动义务，由用人单位根据按劳分配的原则及劳动力价值支付报酬的权利。一般情况下，劳动者一方只要在用人单位的安排下按照约定完成一定的工作量，劳动者就有权要求按劳动取得报酬。工资分配应当遵循按劳分配原则，实行同工同酬。用人单位支付劳动者的工资不得低于当地最低工资标准。工资应当以货币形式按月支付给劳动者本人，不得克扣或者无故拖欠。劳动者在法定休假日和婚丧假期间以及依法参加社会活动期间，用人单位应当依法支付工资。

《劳动法》第九十一条规定，用人单位克扣或者无故拖欠劳动者工资的，由劳动行政部门责令支付劳动者的工资报酬、经济补偿，并可以责令支付赔偿金。

《劳动合同法》第八十五条规定，用人单位未按照劳动合同的约定或者国家规定及时足额支付劳动者劳动报酬的，由劳动行政部门责令限期支付劳动报酬、加班费或者经济补偿；逾期不支付的，责令用人单位按应付金额百分之五十以上百分之一百以下的标准向劳动者加付赔偿金。

3. 休息休假权

相关法律规定，劳动者有休息的权利，国家发展劳动者休息和休养的设施，规定职工工作时间和休假制度。国家实行劳动者每日工作时间不超过八小时、平均每周工作时间不超过四十四小时的工时制度。用人单位在下列节日期间应当依法安排劳动者休假：①元旦。②春节。③国际劳动节。④国庆节。⑤法律、法规规定的其他休假节日。我国劳动者依法享有的假期，包括法定假、年休假、病假以及工伤假、婚假、产假等。

《劳动法》第四十一条规定，用人单位由于生产经营需要，经与工会和劳动者协商后可以延长工作时间，一般每日不得超过一小时；因特殊原因需要延长工作时间的，在保障劳动者身体健康的条件下延长工作时间每日不得超过三小时，但是每月不得超过三十六小时。

第四十四条规定，有下列情形之一的，用人单位应当按照下列标准支付高于劳动者正常工作时间工资的工资报酬。

第一，安排劳动者延长时间的，支付不低于工资的百分之一百五十的工资报酬。

第二，休息日安排劳动者工作又不能安排补休的，支付不低于工资的百分之二百的工资报酬。

第三，法定休假日安排劳动者工作的，支付不低于工资的百分之三百的工资报酬。

第四十五条规定，国家实行带薪年休假制度。

图 5-14　未休年假可享 3 倍工资

图 5-15　职工有带薪休假的权利

劳动者连续工作一年以上的，享受带薪年休假。具体办法由国务院规定 。

4. 获得劳动安全卫生的权利

图 5-16　4 月 28 日为世界安全生产与健康日

劳动安全卫生，又称劳动保护或者职业安全卫生，是指劳动者在生产和工作过程中应得到的生命安全和身体健康基本保障的制度。劳动安全卫生是劳动者实现宪法赋予的生命权、健康权的具体保障。

《劳动法》第五十四条规定，用人单位必须为劳动者提供符合国家规定的劳动安全卫生条件和必要的劳动防护用品。对从事有职业危害作业的劳动者应当定期进行健康检查。用人单位应当按照国家规定的标准，向劳动者提供安全可靠的防护用品，为劳动者进行定期检查，以防止劳动者遭受职业危害，保障劳动者的职业健康。劳动者要求单位提供安全的工作环境以及必要的劳动保护用品以保障本人的安全和健康的权利。其中对于 16 周岁到 18 周岁的未成年工、女工以及从事有毒有害、高温辐射、井下作业等特殊工种行业，要有特殊的劳动安全卫生保护。

5. 接受职业技能培训的权利

劳动者有要求接受职业技能教育和训练的权利，并可根据这一权利享受相应待遇的权利。

劳动者的职业培训权，主要体现在劳动者在职培训中，但也包括就业前培训。劳动者在就业之后的职业培训权内容广泛，主要有以下几点。

第一，获得参加各种职业培训资格的权利。劳动者依法要求参加规定的各种技能职业培训，用工单位不得拒绝。

第二，在职工培训中，有权获得规定的学习时间的权利。对于按规定必须安排一定工作时间从事学习的，用人单位应当积极安排。

第三，在职业培训中，按规定由用人单位负担的费用，用人单位应当支付，已经由劳动者代付的，用人单位必须依法返还。

第四，进行特殊培训的权利。从事特种作业的劳动者，要求进行专门培训是职工培训权的具体内容之一。

第五，获得职业培训证书或资格证书的权利。我国职业培训的中心环节就是建立统一的资格证书制度。通过国家确定职业分类，制定职业技能标准，建立起职业技能培训网络、职业资格证书制度和职业技能鉴定网络，逐步建立和完善职业技能开发体系，保障劳动者的职业培训权得以实现。

扫二维码

资源 5-6：五险一金有什么用?

6. 享受社会保险和福利的权利

社会保险是国家依法建立的一种社会保障制度。宪法规定，国家依照法律规定实行企事业组织的职工和国家机关工作人员的退休制度。退休人员的生活受到国家和社会的保障。《劳动法》还规定："国家发展社会福利事业，兴建公共福利设施，为劳动者休息、休养和疗养提供条件。"社会保险制度的建立是为了使劳动者因年老、生病、生育、伤残、死亡等丧失劳动能力或暂时丧失劳动能力的人能从社会获得物质帮助（见图 5-17）。

图 5-17　五险一金

社会福利是国家依法为所有公民普遍提供的，保证一定生活水平和尽可能提高生活质量的资金和服务的一种保障制度。用人单位和劳动者必须依法参加社会保险，缴纳社会保险费。

7. 提请劳动争议处理权

提请劳动争议处理权是指劳动者在劳动过程中因权益问题与用人单位发生争议时，享有的请求有关部门对争议进行处理的权利。

我国《劳动法》第三条规定，劳动者享有平等提请劳动争议处理的权利。劳动者提请劳动争议处理的权利，具体包括以下内容：第一，争议处理方式选择权。即劳动者在行使提请劳动争议处理权时，依法享有的对争议处理途径和方式的选择权。第二，请求劳动争议处理机构依法受理争议的权利。要求劳动争议处理机构受理争议，是劳动者该项权利的实质和核心，立法授予劳动者这一权利的目的就在于杜绝对劳动争议不予受理的现象，以切实保障其他权利的实现。第三，控告权。当劳动者的合法权益遭受侵害，劳动者行使请求争议处理权，而处理机构又不依法受理对，劳动者有权检举和控告。

此外，劳动者还享有法律规定的其他劳动权利，例如，劳动者依法享有参加和组织工会的权利；参加职工民主管理的权利；参加社会义务劳动的权利等。

（三）维护劳动者合法权益的意义

图 5-18　和谐的劳动关系

法律规定的劳动者的权利，是保障劳动者主人翁地位的前提；是充分调动和发挥劳动者积极性、创造性的保证。实现和维护劳动者权益是社会主义制度的本质要求。维护劳动者权益，有利于增加劳动者的收入，从而缩小收入差距，实现共同富裕。

现实生活中存在大量侵犯劳动者权益的行为，通过维护劳动者合法权益有助于缓解劳动争议，解决劳动纠纷，构建和谐的劳动关系（见图 5-18）。

二、法律对特殊劳动人群的保护

（一）法律对未成年人的劳动权益保护

1. 用人单位招用童工的条件

我国《劳动法》第十五条规定，禁止用人单位招用未满十六周岁的未成年人。文艺、体育和特种工艺单位招用未满十六周岁的未成年人，必须依照国家有关规定，履行审批手续，并保障其接受义务教育的权利。由此可知，一是文艺、体育单位因行业的特殊需要，对工作者的身体素质有着特殊的要求，因此，法律允许他们按照国家规定招用童工；二是用人单位招用童工时必须符合法定程序。这些特殊的用人单位须征得未成年人父母或其监护人的同意，并且须履行审批手续，并保障未成年人接受义务教育，方可招用童工（见图 5-19）。

图 5-19　童工应聘

2. 对未成年人的劳动权益保护的相关规定

我国《劳动法》第九十四条规定，用人单位非法招用未满十六周岁的未成年人的，由劳动行政部门责令改正，处以罚款；情节严重的，由工商行政部门吊销营业执照（见图 5-20）。

图 5-20　非法使用童工

好心收留未成年人并让其帮工，应当先办理收养手续。《中华人民共和国收养法》第十五条规定，收养查找不到父母的弃婴和儿童以及社会福利机构抚养的孤儿的，应当向民政部门登记。

我国《劳动法》规定，禁止用人单位招用未满 16 周岁的未成年人。不得安排未成年人从事矿山井下、有毒有害、国家规定的第四级体力劳动强度的劳动和其他禁忌从事的劳动，用人单位应对未成年工定期进行健康检查。

《未成年工特殊保护规定》是为维护未成年工的合法权益，保护其在生产劳动中的健康，根据《中华人民共和国劳动法》的有关规定制定。

《未成年工特殊保护规定》第七条规定，未成年工的健康检查，应按本规定所附《未成年工健康检查表》列出的项目进行。

第八条规定，用人单位应根据未成年工的健康检查结果安排其从事适合的劳动，对不能胜任原劳动岗位的，应根据医务部门的证明，予以减轻劳动量或安排其他劳动。

第九条规定，对未成年工的使用和特殊保护实行登记制度。

（二）法律对女性职工的劳动权益保护

女性职工特殊劳动保护是针对女职工的生理特点所进行的保护，其目的在于防止不良的劳动条件对女职工健康，尤其是对生育系统和生育功能的影响。

根据《劳动法》第五十九条的规定，禁止安排女职工从事矿山井下、国家规定的第四级体力劳动强度的劳动和其他禁忌从事的劳动。

据《中华人民共和国妇女权益保障法》的相关规定，女职工享有以下劳动和社会保障权益。

第一，各单位在录用职工时，除不适合妇女的工种或者岗位外，不得以性别为由拒绝录用妇女或者提高对妇女的录用标准。

第二，实行男女同工同酬。妇女在享受福利待遇方面享有与男子平等的权利。

第三，任何单位不得因结婚、怀孕、产假、哺乳情形，降低女职工的工资，辞退女职工，单方解除劳动（聘用）合同或者服务协议。但是，女职工要求终止劳动（聘用）合同或者服务协议的除外。

除此之外，妇女在经期、孕期、产期、哺乳期受特殊保护；任何单位均应根据妇女的特点，依法保护妇女在工作和劳动时的安全和健康，不得安排不适合妇女从事的工作和劳动。

图 5-21　痛经假

1. 女职工“四期”劳动保护标准

第一，经期保护标准。女职工在月经期间，所在单位不得安排其从事高空、低温、冷水和国家规定的第三级体力劳动强度的劳动。

患有重度痛经及月经过多的女职工，经医疗或妇幼保健机构确诊后，月经期间可适当给予 1 至 2 天的休假。

图 5-22　女性职工的特殊权益

第二，孕期保护标准（见图 5-22）。单位不得安排怀孕期女职工从事国家规定的第三级体力劳动强度的劳动和孕期禁忌从事的劳动，对于怀孕 7 个月以上的女职工，用人单位不得安排其从事夜班劳动，也不得安排其在正常劳动时间以外延长劳动时间，对不能胜任原劳动的怀孕女职工，应当根据医务部门的证明予以减轻劳动量或者安排其他劳动，并在劳动时间内应当安排一定的休息时间。

第三，产期保护标准。女职工生育享受不少于 90 天的长假，其中，产前假 15 天，产后假 75 天，产假期间，工资照发。

第四，哺乳期保护标准。女职工在哺乳未满 1 周岁的婴儿期内，用人单位不得安排其从事国家规定的第三级体力劳动强度的劳动和哺乳期禁忌从事的其他劳动，不得安排其延长工作时间和夜班劳动。

2. 产假

根据《劳动法》第六十二条的规定，女职工生育享受不少于 90 天的假期。

根据《女职工劳动保护特别规定》第七条的规定，女职工生育享受 98 天产假，其中产前可以休假 15 天；难产的，增加产假 15 天；生育多胞胎的，每多生育 1 个婴儿，增加产假 15 天。

女职工怀孕未满 4 个月流产的，享受 15 天产假；怀孕满 4 个月流产的，享受 42 天产假。

（三）法律对残疾人职工的劳动权益保护

根据《中华人民共和国残疾人保障法》第二十七条规定，政府有关部门、残疾人所在单位和有关社会组织应当对残疾人开展扫除文盲、职业培训、创业培训和其他成人教育，鼓励残疾人自学成才。

图 5-23　残疾人享有特殊的就业优惠政策

第三十三条规定，国家对残疾人福利性企业事业组织和城乡残疾人个体劳动者，实行税收减免政策，并在生产、经营、技术、资金、物资、场地等方面给予扶持。

地方人民政府和有关部门应当确定适合残疾人生产的产品，优先安排残疾人福利企业生产，并逐步确定某些产品由残疾人福利企业专产。

政府有关部门下达职工招用、聘用指标时，应当确定一定数额用于残疾人。对于申请从事个体工商业的残疾人，有关部门应当优先核发营业执照，并在场地、信贷等方面给予照顾。

对于从事各类生产劳动的农村残疾人，有关部门应当在生产服务、技术指导、农用物资供应、农副产品收购和信贷等方面，给予帮助。

第三十四条规定，国家保护残疾人福利性企业事业组织的财产所有权和经营自主权，其合法权益不受侵犯。

在职工的招用、聘用、转正、晋级、职称评定、劳动报酬、生活福利、劳动保险等方面，不得歧视残疾人。

对于国家分配的高等学校、中等专业学校、技工学校的残疾毕业生，有关单位不得因其残疾而拒绝接收；拒绝接收的，当事人可以要求有关部门处理，有关部门应当责令该单位接收。

残疾职工所在单位，应当为残疾职工提供适应其特点的劳动条件和劳动保护。

第三十五条规定，残疾职工所在单位应当对残疾职工进行岗位技术培训，提高其劳动技能和技术水平。

劳动面面观

小姜是广东某公司的员工，她在怀孕期间，向公司请假去做孕检，结果公司说她违反了与公司签订的劳动合同中三年内不允许怀孕生育的条款，给小姜发出了解除劳动合同通知函。小姜认为单位与自己解除劳动合同的行为违法，提起了劳动仲裁，请求撤销单位对她做出的解除劳动合同通知。劳动仲裁委做出裁决，支持了小姜的仲裁请求。

热点讨论：

1. 女职工在怀孕期间，用人单位能解除或者终止劳动合同吗？

2. 你知道女职工可以享受哪些特殊劳动权益保护吗？

知识链接

依法治理工资拖欠，保障劳动者权益的法律依据有哪些？

依法治理工资拖欠，保障农民工等广大劳动者的合法权益，是政府和社会的共同责任。《劳动法》第三条规定，劳动者享有平等就业和选择职业的权利、取得劳动报酬的权利；第五十条规定，工资应当以货币形式按月支付给劳动者本人，不得克扣或者无故拖欠劳动者工资；第九十一条规定，用人单位克扣或者无故拖欠劳动者工资的，由劳动行政部门责令支付劳动者的工资报酬、经济补偿，并可以责令支付赔偿金。《劳动合同法》第三十条规定，用人单位应当按照劳动合同约定和国家规定，向劳动者及时足额支付劳动报酬。用人单位拖欠或者未足额支付劳动报酬的，劳动者可以依法向当地人民法院申请支付令，人民法院应当依法发出支付令；第八十五条规定，用人单位未按照劳动合同的约定或者国家规定及时足额支付劳动者劳动报酬的，由劳动行政部门责令限期支付劳动报酬、加班费或者经济补偿；逾期不支付的，责令用人单位按应付金额百分之五十以上百分之一百以下的标准向劳动者加付赔偿金。

对拖欠工资行为最严厉的处罚体现在刑法修正案（八），修正后的刑法第二百七十六条规定，以转移财产、逃匿等方法逃避支付劳动者的劳动报酬或者有能力支付而不支付劳动者的劳动报酬，数额较大，经政府有关部门责令支付仍不支付的，处三年以下有期徒刑或者拘役，并处或者单处罚金；造成严重后果的，处三年以上七年以下有期徒刑，并处罚金。

２０１３年初，最高人民法院发布了《关于审理拒不支付劳动报酬刑事案件适用法律若干问题的解释》，针对拒不支付劳动报酬罪所涉及的术语界定、定罪量刑标准、单位犯罪等问题，进一步明确了相关刑事案件的法律适用标准。

（资料来源：中央政府门户网站，2021 年 03 月 05 日）

参考资料

[1] 中共中央马克思恩格斯列宁斯大林著作编译局编译．马克思恩格斯选集（第三卷），北京：人民出版社，2012.
[2]［苏］B.A. 苏霍姆林斯基．关于全面发展教育的问题，杜殿坤等译，长沙：湖南教育出版社，1984.
[3] 韦建桦，马克思恩格斯文集（第 1 卷）．北京：人民出版社，2009.
[4] 夔彩虹．新时代弘扬劳模精神的价值与途径研究．江西师范大学，2019.
[5] 王海亮．当代中国劳模精神研究．哈尔滨理工大学，2019.
[6] 佘运德．“工匠精神”的历史渊源及其文化模式的价值观思辨．开封大学学报，2018（32）.
[7] 徐继存．加强劳动教育：一项刻不容缓的重大使命．现代教育，2019（10）.
[8] 张群，滕子迁．开展劳动教育创造幸福人生．中国农村教育，2020（1）.
[9] 李永亮．激活与渗透：新时代劳动教育的行动应答．人民教育，2020（3）.
[10] 中共中央马克思恩格斯列宁斯大林著作编译局编译．马克思恩格斯选集（第三卷）．北京：人民出版社，2012.
[11] 中共中央马克思恩格斯列宁斯大林著作编译局编译．马克思恩格斯选集（第一卷）．北京：人民出版社，2012.
[12] 中共中央马克思恩格斯列宁斯大林著作编译局编译．马克思恩格斯文集（第九卷）．北京：人民出版社，2009.
[13] 中共中央马克思恩格斯列宁斯大林著作编译局编译．马克思恩格斯选集（第四卷）．北京：人民出版社，2012.
[14] 中共中央马克思恩格斯列宁斯大林著作编译局编译．马克思恩格斯选集（第二卷）．北京：人民出版社，2012.
[15] 中共中央马克思恩格斯列宁斯大林著作编译局编译．马克思恩格斯全集（第四十六卷）（上册）．北京：人民出版社，1979.
[16] 陈仙．企业安全操作规程标准化管理模式．安全，2018（4）.
[17] 周慧．消防管理标准化体系及评估指标研究．中南大学，2014.